lonely planet

DE CERCA
LONDRES

Jade Bremner

Sumario

Arriba: Trafalgar Square (p. 68).
Abajo: palacio de Buckingham (p. 62).

Puesta a punto 4

Explora Londres 43

Guía práctica 209

DESDE ARRIBA IZDA.: ALEXKOZLOV/GETTY IMAGES ©, LUKASZ PAJOR/SHUTTERSTOCK ©

★ Imprescindible

El viaje empieza aquí

Esta metrópolis en constante evolución tiene una energía única. Como londinense, estoy orgullosa del ADN diverso de mi ciudad, que se refleja en sus variopintas atracciones. Ofrece la posibilidad de probar sabores asiáticos y asistir a representaciones en teatros centenarios. Se puede entender el origen de la humanidad en museos gratuitos y hacer un pícnic junto a un palacio real, o navegar por los canales, para luego pasarse la noche bailando entre *drag queens*. Imprescindibles la educación y el sentido del humor en una ciudad con tradición, aunque de mentalidad abierta, donde vivir una gran aventura urbana.

Jade Bremner *@jadebremner, @jadeob*
Jade nació y creció en Londres, y ha participado en más de 45 títulos de Lonely Planet. Ha vivido en cuatro continentes, pero siempre vuelve a la ciudad que considera su hogar.

COLABORADORES

Vivienne Dovi *@travellingwithmelanin*
Vivienne se crio en Londres. Escribe sobre viajes, gastronomía y estilo de vida.

Steve Fallon *steveslondon.com*
Steve es guía turístico oficial, titulado con el London Blue Badge.

Tharik Hussain *@_tharikhussain*
Tharik es especialista en legados ocultos.

James Wong *@boxojames*
James, escritor de viajes, creció en el este de Londres.

Tamsin Wressell *@tamsinwressell*
Tamsin escribe sobre turismo sostenible y temática LGTBIQ+.

El Gherkin (p. 118).
LUKASZ PAJOR/SHUTTERSTOCK ©

LLOYDS BANK

LO MEJOR

Museos

Londres tiene una enorme oferta de museos espléndidos para todas las edades. Contienen unas colecciones inmensas procedentes de todo el mundo, sobre temas muy variados, que cubren una historia de más de dos millones de años.

La muestra permanente del **British Museum** incluye la Piedra de Rosetta y los mármoles del Partenón. (foto arriba izda.; p. 73)

Bajo tierra se encuentran las **Churchill War Rooms,** espacios usados por el primer ministro Winston Churchill y su gobierno durante la II Guerra Mundial. (p. 77)

Siete plantas de impresionantes exposiciones componen el **Science Museum,** con enormes cohetes y experimentos interactivos para todas las edades. (p. 162)

Dinosaurios animatrónicos y millones de especímenes del mundo natural esperan al visitante en el **Natural History Museum,** en un imponente edificio gótico que recuerda una catedral. (p. 158)

Los pequeños disfrutarán con la enorme colección del **Young V&A,** en el interior de un museo renovado en el que se han gastado millones de libras. (foto arriba dcha.; p. 201)

Dcha.: Natural History Museum.

LO MEJOR

Parques

Los 3000 espacios verdes de la ciudad, entre ellos ocho parques reales, están abiertos al público y son un buen lugar para relajarse, hacer un pícnic, escuchar música en directo, ver animales y plantas o hacer deporte.

St James's Park, parque urbano de 23 Ha junto al palacio de Buckingham, la residencia oficial del rey, es un buen lugar para ver flores y pájaros. (foto arriba izda.; p. 78)

Las verdes colinas del **Greenwich Park** ofrecen vistas de la ciudad; se puede visitar el Royal Observatory y la Línea del Meridiano (longitud 0), a partir de la cual se miden el resto de puntos de la Tierra. (p. 94)

Victoria Park, o "Parque del Pueblo", creado en 1845 para los más pobres, es hoy lugar de encuentro de *hipsters,* con dos excelentes cafés y estupendas zonas de juegos. (p. 200)

En verano los londinenses se llevan sus tumbonas y hacen el pícnic en **Green Park,** en Mayfair. (foto arriba dcha.; p. 78)

Dcha.: Victoria Park.

LO MEJOR

Mercados

Los mercados centenarios de Londres aún resisten, pese a la aparición de tiendas de marca y grandes almacenes. Muchos han conservado su ambiente de barrio, incorporando a la vez la diversidad étnica propia de la ciudad.

La excéntrica colección de quincalla y antigüedades de **Covent Garden** es la que cabría esperar en una pequeña feria de pueblo inglesa. (p. 72)

El **Bermondsey Antiques Market** es el lugar ideal para ir a la caza de piezas únicas o de colección. (p. 101)

En el **Columbia Road Flower Market** flotan aromas a flores y hierbas, y en Navidad suele haber coros cantando villancicos. (p. 198)

El **Greenwich Market** ofrece artículos de moda y cosas para la casa de producción artesanal. (p. 93)

Columbia Road Flower Market.

CSP/SHUTTERSTOCK ©

LO MEJOR

Galerías de arte

El arte y el diseño siempre se han usado como medio para desafiar las normas sociales en Londres, desde los prerrafaelitas reformistas al *pop art* de la década de 1950. La ciudad cuenta con galerías y talleres de todos los estilos.

Algunas de las grandes obras europeas, como los *Girasoles* de Van Gogh, se encuentran en la **National Gallery,** en Trafalgar Sq. (p. 68)

La **Tate Modern,** referencia del arte moderno y contemporáneo, tiene una colección impresionante llena de grandes nombres. ¡Y es gratis! (p. 128)

Cientos de retratos de la realeza, de científicos, políticos y famosos llenan la **National Portrait Gallery.** (foto arriba izda.; p. 68)

Para tener una visión completa del arte británico a lo largo de los siglos habrá que visitar la **Tate Britain.** (foto arriba dcha.; p. 77)

La íntima y siempre relevante **Serpentine Gallery,** en Hyde Park, presenta muestras de artistas emergentes y consagrados. (p. 162)

LO MEJOR

Descubrimientos

Más allá de las atracciones más populares, hay magníficos descubrimientos en la ciudad. Desde pequeños locales a museos peculiares o cementerios con residentes famosos, siempre hay algo para los que se alejan de las rutas turísticas.

En el **Seven Dials Market,** en Covent Garden, hay comida callejera, bares y dulces que vale la pena probar. (p. 71)

El **Sir John Soane's Museum,** antigua residencia de este célebre arquitecto, conserva el aspecto que tenía en 1837, y sus tesoros. (foto arriba izda.; p. 81)

La antigua bolera **Rowans Tenpin Bowl,** decorada al estilo clásico americano, es un lugar de culto, y los viernes hay una fiesta. (foto arriba dcha.; p. 187)

Para probar las mejores cervezas de la ciudad, nada como un recorrido por la **Blackhorse Beer Mile,** en el noreste de Londres. (p. 186)

Los atrevidos sabores del **FKABAM** son un festival para las papilas gustativas, con música *heavy metal* de fondo. (p. 188)

Dcha.: Seven Dials Market.

DESDE LA IZDA.: S KOZAKIEWICZ/SHUTTERSTOCK ©, ALEX SEGRE/ALAMY STOCK PHOTO ©, JONO PHOTOGRAPHY/ SHUTTERSTOCK ©

ARNABEET
COCKTAILS

LO MEJOR

Lugares con historia

Los 20 siglos de historia de Londres se ven por todas partes, desde los restos de la muralla que en otro tiempo protegía callejones adoquinados, a las gárgolas góticas. Estos lugares son una sugerente ventana abierta al pasado.

Para saber dónde nació la ciudad hay que visitar la **Torre de Londres,** un gran castillo con un enorme foso junto al Támesis. (foto arriba izda.; p. 106)

En el lugar que ocupa **St Paul's** ha habido una catedral desde el año 604. Hoy es un magnífico edificio con una gran cúpula y espléndidas vistas. (p. 110)

Durante siglos, la **abadía de Westminster** ha acogido las celebraciones de la realeza, desde coronaciones a bodas. (p. 65)

El reloj más fotografiado del mundo es sin duda el de la Elizabeth Tower, donde se encuentra la campana conocida como **Big Ben.** (p. 76)

Se puede subir al **'Cutty Sark',** el último de los grandes *clippers* que navegaron entre Inglaterra y China en el s. XIX, hoy amarrado en Greenwich. (foto arriba dcha.; p. 90)

Esclusas en el Camden Market.

LO MEJOR

Experiencias en el agua

El río Támesis siempre ha sido una importante vía comercial para los londinenses. Por los muelles y canales de la ciudad pasaban mercancías traídas de todo el mundo.

En Camden aún se pueden ver las esclusas victorianas en activo. Después se puede comprar en el **Camden Market.** (p. 179)

El **London Canal Museum** muestra cómo era la vida de los nómadas que vivían en sus estrechos barcos; después se puede tomar un barco para atravesar el túnel de Islington. (p. 183)

Word on the Water es una librería flotante en una barcaza holandesa de la década de 1920 en el Regent's Canal. (p. 185)

El *pub* **Prospect of Whitby** abrió sus puertas en 1502, y ha sido taberna de marineros y contrabandistas, así como el local donde bebían Charles Dickens y Samuel Pepys. (p. 202)

Para quemar adrenalina se puede surcar el río en uno de los **Thames Rockets,** que llegan hasta la famosa Thames Barrier. (p. 141)

LO MEJOR

Comidas

En una ciudad con restaurantes de más de 120 cocinas diferentes, salir a cenar fuera no es solo disfrutar de una comida deliciosa, sino también entrar en contacto con las diversas comunidades.

La elegante brasería *art déco* **The Wolseley,** en Mayfair, es ideal para quien quiera darse un capricho, y abre todo el día. (p. 83)

FKABAM, en Islington, activará las papilas gustativas del visitante con sus creativos platos, acompañados de una buena dosis de *heavy metal*. (foto arriba izda; p. 188)

En el **Graam Bangla,** en Brick Lane, se encontrará comida bangladesí auténtica: desde pez gato picante a deliciosos curris. (p. 204)

En el Soho, habrá que hacer cola para probar los sabrosos bollitos al vapor taiwaneses del **Bao,** con un toque personal. (foto arriba dcha.; p. 75)

Dcha.: The Wolseley.

LO MEJOR

Compras

En Londres se puede comprar prácticamente de todo; lo difícil es no acabar con la maleta llena. La oferta es completa, desde mercados históricos a calles llenas de tiendas de diseño o de *boutiques* y tiendas especializadas.

Más que unos grandes almacenes, **Harrods** es un destino turístico, un centro comercial de lujo lleno de artículos de diseño y con una elegante sección de comida *gourmet*. (p. 163)

En el antiguo **Broadway Market,** mercado de barrio convertido en reducto *hipster,* se encontrarán puestos de comida sugerentes al máximo. (p. 200)

Cientos de puestos componen el bohemio **Camden Market,** centro de referencia de la música en directo. (p. 179)

Hamleys, el emporio del juguete más grande y más antiguo del mundo, tiene seis plantas llenas de juguetes, y algunos de muestra con los que jugar. (p. 71)

Harrods.

CRISTIAN M BALATE/SHUTTERSTOCK ©

LO MEJOR

Emociones

Una vez saciados de historia y cultura, se puede buscar algo diferente en estas atracciones, que ofrecen velocidad, emoción y alturas de vértigo.

El descenso a la **London Dungeon** promete encuentros con actores vestidos de terroríficos personajes. (foto arriba izda.; p. 137)

La **Dare Skywalk,** 46 m por encima del campo del Tottenham Hotspur Stadium, es todo un subidón de adrenalina, con unas vistas increíbles. (p. 185)

Los **Thames Rockets** son velocísimas lanchas que ofrecen recorridos de vértigo por el Támesis, y circuitos guiados a toda velocidad. (p. 141)

El tobogán más alto y más largo del mundo (178 m) es el de la escultura **'ArcelorMittal Orbit',** en el Queen Elizabeth Olympic Park. (foto arriba dcha.; p. 199)

En el histórico *clipper* **'Cutty Sark'** se puede trepar por los cordajes de los mástiles como hacían los marineros de este velero en alta mar. (p. 90)

DESDE LA IZDA.: CLAUDIO CARIDI/SHUTTERSTOCK ©, RON ELLIS/SHUTTERSTOCK ©

LO MEJOR

Locales de copas

A los londinenses les encanta salir a beber, y hay locales para todos los gustos. Los *pubs* son lo más tradicional –hay unos 3500 en la capital–, pero también hay desde elegantes coctelerías a clubs de *drag queens*.

El antiguo **Spaniards Inn,** en un extremo de Hampstead Heath, es donde se supone que bebía el bandolero Dick Turpin entre robo y robo. (foto arriba izda.; p. 175)

A los modernitos *indies* les encanta el **Hawley Arms** de Camden, donde solían beber Noel Fielding, los Libertines y Amy Winehouse. (p. 181)

Para darse un baño de pop, bailar y empaparse de cultura LGTBIQ+, con espectáculos de *drags,* el **G-A-Y** es un clásico. (foto arriba dcha.; p. 76)

Charles Dickens solía beber en el **Ye Olde Cheshire Cheese,** del s. XVI, con varios salones de techos bajos conectados por angostos pasillos. (p. 117)

En el interior del St Pancras Hotel está el impresionante **Gothic Bar,** con sus azulejos, sus cortinas de un rojo intenso y sus enormes ventanales, donde tomar champán y cócteles de absenta. (p. 189)

Dcha.: Ye Olde Cheshire Cheese.

DESDE LA IZDA.: ALLA TSYGANOVA/SHUTTERSTOCK ©, CKTRAVELS.COM/SHUTTERSTOCK ©, ARNDALE/SHUTTERSTOCK ©

Ye Olde
Cheshire
Cheese
REBUILT 1667
Ye Olde
Cheshire
Cheese
NO
SMOKING
& NO
DRINKING
IN THIS
AREA

LO MEJOR

Vistas de la ciudad

Subiendo a las alturas se puede contemplar la gran ciudad en todo su esplendor. Hay atracciones históricas donde disfrutar de las vistas, quizá con un cóctel en la mano, o desde un jardín en lo alto de un rascacielos.

El **Sky Garden,** a 155 m de altura, ofrece vistas de 360 grados desde lo alto del edificio Walkie Talkie. (foto arriba izda.; p. 120)

Londres también se puede ver desde lo alto de uno de sus edificios más magníficos, la **catedral de St Paul;** la Golden Gallery se encuentra en lo alto de su cúpula centenaria. (p. 110)

El **City Social,** local *art déco* en lo alto de la Tower 42, permite tomarse un cóctel disfrutando de una vista imponente del Gherkin. (p. 122)

Subir a la colina de **Greenwich Park** es hacer un viaje al pasado y al futuro: el antiguo Royal Observatory queda en primer plano, y los rascacielos de Canary Wharf detrás. (p. 94)

Las vistas son espléndidas al anochecer, mientras se disfruta de una cena de lujo en uno de los restaurantes más altos de Londres, el **Duck & Waffle** (en la 40ª planta de la Heron Tower). (foto arriba dcha.; p. 116)

Dcha.: vistas desde la Golden Gallery de St Paul's.

LO MEJOR

Espectáculos

En Londres saben montar un buen *show:* la ciudad es referente en el mundo del espectáculo, lugar de origen de grandes estrellas y de cambios sociales desde los escenarios. Para tomar el pulso a la urbe lo mejor es asistir de público.

Sadler's Wells presenta desde *ballet* hasta danza moderna y experimental. (p. 186)

La **Roundhouse** de Camden, antigua plataforma giratoria para locomotoras, es hoy un gran escenario por el que pasan músicos locales y consagrados. (foto arriba izda.; p. 179)

El **Shakespeare's Globe,** diseñado para que recuerde un teatro del s. XVI, presenta las obras de Shakespeare en un escenario bajo un tejado de paja circular. (p. 133)

En un extremo de Covent Garden Piazza se encuentra uno de los mejores teatros de danza de Europa, la suntuosa **Royal Opera House,** inaugurada en 1858. (foto arriba dcha.: p. 75)

Por el **Ronnie Scott's,** uno de los clubes de *jazz* más antiguos y famosos del mundo, situado en el Soho, han pasado Ella Fitzgerald, Nina Simone y Jimi Hendrix. Presenta actuaciones cada noche. (p. 75)

DESDE LA IZDA.: ALENA VEASEY/SHUTTERSTOCK ©, WILLIAM BARTON/SHUTTERSTOCK ©

Lo mejor para niños

El **London Aquatics Centre** (p. 199), en una antigua piscina olímpica, cuenta con un circuito acuático de carreras con hinchables.

En el **Science Museum** (p. 162) se pueden ver cohetes espaciales y hacer experimentos en su laboratorio interactivo, el Wonderlab.

Los no tan pequeños pueden trepar por los cordajes del histórico velero **'Cutty Sark'** (p. 90), para luego deslizarse hasta el suelo con una tirolina.

A los fans de Harry Potter les encantará el espectáculo **'Harry Potter and the Cursed Child',** en el West End (p. 79), creado 19 años después de la publicación de *Harry Potter y las reliquias de la muerte*.

Tras la visita a los bichos, serpientes y mamíferos gigantes del **Zoo de Londres** (p. 178) se puede pasar por Regent's Park para corretear a gusto.

Lo mejor gratis

El cambio de la guardia se efectúa cuatro veces por semana, en el **palacio de Buckingham** (p. 62), la residencia real más famosa del mundo.

La **Tate Modern** (p. 128), imponente galería de arte creada en la antigua central eléctrica de Bankside, presenta la obra de grandes maestros contemporáneos.

La mayor colección de arte decorativo del mundo está en el **Victoria & Albert Museum** (p. 154), desde piezas de hierro a vestidos de época, alfombras de Oriente Próximo y cerámica asiática.

En la elegante plaza adoquinada de **Covent Garden** (p. 72) se puede asistir a espectáculos callejeros de música, teatro y danza.

El **Portobello Road Market** llena las calles de antigüedades, quincalla y ropa *vintage*. (p. 48)

Tres días perfectos

Tanto si se dispone de un día como si son más, estos itinerarios ayudarán a sacar el máximo partido a la ciudad y a no perderse lo imprescindible.

Leicester Square.

PRIMER DÍA

Si solo se dispone de un día

MAÑANA

Se pasea por **Leicester Square** (p. 80) y **Piccadilly Circus** (p. 80), donde se celebran los grandes estrenos y brillan los carteles de los teatros, para luego recorrer **Regent Street** (p. 71) y contemplar sus fachadas neobarrocas.

TARDE

Para almorzar, se come pato laqueado en **Chinatown** (en la foto; p. 74), referente de la cultura asiática en Londres, antes de dirigirse a **Covent Garden Piazza** (p. 72). Lo que en el s. XVII era un mercado de fruta y verdura acoge hoy puestos de artesanía y cantantes callejeros. Para saber más sobre la red de transporte público más antigua del mundo se puede visitar el **London Transport Museum** (p. 72).

NOCHE

Habrá que cenar temprano en **Rules** (p. 83), para llegar a tiempo al **teatro en el West End** (p. 81).

SEGUNDO DÍA

Un fin de semana

MAÑANA

Se visita el **Natural History Museum** (p. 158), un espectacular edificio gótico con una colección de 80 millones de especímenes, restos de dinosaurios y una muestra interminable.

TARDE

Tras dar un paseo por Kensington Palace se puede almorzar con elegancia en el café **Serpentine Lido** (p. 166), en pleno parque.

NOCHE

Antes de la cena se recorren los espléndidos jardines de **Hyde Park** (p. 161), surcando quizá el **Serpentine** (p. 163) en patín. Para la cena se puede escoger algún restaurante con estrella Michelin en Kensington, como el **Restaurant Gordon Ramsay** (p. 162) o el **Dinner by Heston Blumenthal** (en la foto; p. 162). Después, un paseo por la elegante **King's Road** (p. 164) antes de tomar la última copa escuchando *jazz* en directo en el **Pheasantry** (p. 167).

TERCER DÍA

Una escapada

MAÑANA

Se visita la **abadía de Westminster** (en la foto; p. 65), donde han sido coronados casi todos los soberanos ingleses desde Guillermo el Conquistador. Luego se recorre la orilla sur del Támesis hasta la **Tate Modern** (p. 128).

TARDE

El **Borough Market** (p. 135) es ideal para almorzar. Cruzando el **Millennium Bridge** (p. 133) se llega a la **catedral de St Paul** (p. 110): desde la galería elevada las vistas son espectaculares. Luego toca la **Torre de Londres** (p. 106), donde se guardan las joyas de la Corona, antes de echar una foto al **Tower Bridge** (p. 115).

NOCHE

Cena en el **Spitalfields Market** (p. 207); hay desde fideos vietnamitas a curris nigerianos. La última copa se puede tomar en **Ten Bells** (p. 206), como hacían, según se dice, las víctimas de Jack el Destripador.

Con más tiempo

Los estanques de **Hampstead Heath** (p. 172), al norte, son un buen lugar para darse un baño. Luego se puede subir a **Parliament Hill** (p. 173), el lugar más alto de Londres, con vistas. En Camden, el barrio del punk y el *rock*, se visitan sus animados **mercados** (p. 179) llenos de camisetas rockeras y botas de motero. En el canal se podrá ver el paso de los barcos por la **esclusa de Camden** (p. 179).

Se puede comer en los puestos callejeros de Camden, o un plato de *fish and chips* y *mushy peas* en **Poppies** (p. 181).

Luego se sigue el canal hasta King's Cross para llegar al **London Canal Museum** (p. 183) y saber más sobre estas vías fluviales. En King's Cross Station está el **Platform 9¾** (p. 183), tributo a Harry Potter.

Para cenar, se puede optar por las tapas y cócteles del moderno y elegante **Decimo** (p. 189), restaurante español-mexicano con grandes ventanales y espléndidas vistas, o por los aromáticos curris malasios del pequeño **Roti King** (p. 188).

Hampstead Heath.

ALEX SEGRE/SHUTTERSTOCK ©

Una excursión

El elegante barrio de Greenwich, en el sur, es donde está el Meridiano 0. Es la referencia para medir la posición de todos los lugares de la Tierra, y cruzando la línea se puede visitar el frondoso **Greenwich Park** (p. 94), con vistas de la ciudad, y luego el **Royal Observatory** (en la foto; p. 94), donde se han realizado importantes estudios sobre el espacio y el tiempo.

A la salida del parque esperan los puestos del **Greenwich Market** (p. 93), y las legendarias tartas de carne de **Goddards at Greenwich** (p. 93). No hay que dejar de hacer la foto al famoso **'Cutty Sark'** (p. 90), *clipper* construido en 1869 y hoy varado junto al Támesis. Quien se anime, puede subirse a los cordajes del mástil, como hacían los marineros en alta mar.

En un día de lluvia

Londres tiene muchos recursos para los días de lluvia. Como la imponente colección del **Victoria & Albert Museum** (p. 154), muestra de 5000 años de creatividad humana, con atuendos y muebles centenarios. O la muestra interactiva del **Science Museum** (p. 162), ideal para ir en familia. Los amantes de la historia quizá prefieran recorrer el **Kensington Palace** (p. 150), en Hyde Park, con sus tres siglos de historia. Aunque siempre se puede pasar el día de compras en **Harrods** (p. 163), los grandes almacenes de lujo.

Por la noche se puede asistir a un espectáculo de danza (de *ballet* a salsa) en **Sadler's Wells** (p. 186), y luego tomar unas cervezas en **Hackney Bridge** (en la foto; p. 206) a última hora.

Prepararse

ANTES DE PARTIR

Seis meses antes
Reservar para grandes festivales, especialmente de música.

Seis semanas antes
Reservar para eventos deportivos, como Wimbledon o partidos de la Premier League.

Un mes antes
Reservar entradas para los grandes teatros del West End, especialmente si actúan actores famosos, y reservas para restaurantes que tienen estrella Michelin (sobre todo si es para cenar un viernes o un sábado).

Costumbres

No hay que saltarse las colas, es importante decir "gracias" y "por favor", y pedir perdón si se choca con alguien. En las escaleras automáticas hay que ponerse a la derecha; si alguien dice "excuse me", es un modo educado de pedir paso. Si hay que quejarse en un restaurante, mejor hacerlo discretamente, y tratando con educación a los camareros.

Qué llevar

En Londres la gente se viste bien para asistir a eventos importantes o a restaurantes elegantes. No obstante, también hay muchos locales y atracciones informales, incluidos museos y parques. Conviene comprobar si la ocasión es formal para vestirse adecuadamente.

Conviene saber

Domingos La mayoría de tiendas abren más tarde y cierran antes los domingos, igual que los *pubs* y restaurantes.

Conciertos y espectáculos gratuitos En verano suelen celebrarse conciertos gratuitos en los parques (por ejemplo, en Hampstead Heath o Regent's Park). Los eventos deportivos se retransmiten en pantallas gigantes por toda la ciudad, y en el canal frente a Granary Sq, en Everyman Screen y el Tower Bridge se ofrecen proyecciones de cine gratuitas.

Comida barata Los puestos callejeros y los mercados son el mejor recurso para comer barato. Para comprar comida conviene descargarse la *app* Too Good To Go, que reduce los residuos ofreciendo comida sobrante de tiendas y restaurantes antes de que caduque a precios muy rebajados.

PROPINAS

Los británicos suelen dejar propinas, y más generosas si el servicio es estupendo.

1 £
Hoteles
Botones 1 £ por maleta; camareras de habitación, a discreción del cliente.

Opcional
Bares
No es necesario dejar propina.

10-12%
Restaurantes
El servicio puede estar incluido. Si no, lo habitual es un 10-12%.

Opcional
Taxis
Ubers y cabs, a discreción del cliente.

PRESUPUESTO DIARIO

Económico Menos de 100 £

- Cama en albergue: **12-30 £**
- Tentempié en un mercado o sándwich de supermercado: **5-10 £**
- Muchos museos: **gratis**
- Entradas de teatro de última hora: **15-35 £**
- Alquiler diario de bici de Santander Cycles: **2 £**

Medio 100-200 £

- Habitación doble: **100-200 £**
- Cena de dos platos con una copa de vino: **40 £**
- Exposiciones temporales: **15-20 £**
- Entradas de teatro: **20-70 £**

Alto Más de 200 £

- Habitación de hotel de 4 estrellas o en hotel-*boutique:* **más de 200 £**
- Cena de tres platos con vino: **70-200 £**
- Recorrido en taxi por el centro: **20-40 £**
- Buenas localidades en el teatro: **70 £ o más**

Moneda
Libra esterlina (£)

Idioma
Inglés

Hora local
Hora media de Greenwich (GMT)

ROUTE66/SHUTTERSTOCK ©

IMPUESTOS

El IVA *(British sales tax)* es de un 20% y suele estar indicado en el recibo. Los viajeros internacionales pueden solicitar el reembolso en aeropuertos y otros puntos de partida.

Cuándo ir

A Londres se puede ir todo el año, aunque la mayoría lo visita en verano, cuando hay más vida al aire libre, o en invierno, para las fiestas de Navidad.

Con casi 20 millones de turistas al año, Londres es la ciudad más visitada de Europa. En verano da su mejor imagen, con un tiempo suave, los parques llenos de vida, eventos deportivos y numerosos festivales. El resto del año, los cielos grises y la lluvia desaniman a algunos, pero la ciudad cuenta con muchísimos museos de primera, grandes restaurantes, teatros y animados *pubs,* y rebajas, con menos aglomeraciones. A principios de invierno muchos llegan para hacer compras, y por los mercados de Navidad.

Grandes eventos

Julio El mayor desfile del **Orgullo** pinta la ciudad con los colores LGTBIQ+ en esta celebración de los derechos humanos. Además del desfile, hay conciertos, fiestas, charlas y eventos por toda la ciudad.

Agosto Dos millones de personas asisten al **carnaval de Notting Hill,** la fiesta callejera más grande de Europa, una celebración de la cultura, la música y la gastronomía afrocaribeña que dura tres días y data de 1966.

Abril Más de 40 000 personas corren la **Maratón de Londres,** y más de 100 000 animan en una de las mayores carreras urbanas del mundo, que va desde Blackheath hasta The Mall.

Noviembre La ciudad se enciende con los fuegos artificiales de la **Guy Fawkes Night,** noche que recuerda un plan fallido para hacer estallar el Parlamento, en 1605. Los mejores fuegos se ven en Primrose Hill, Highbury Fields, Alexandra Palace, Clapham Common y Blackheath.

Clima

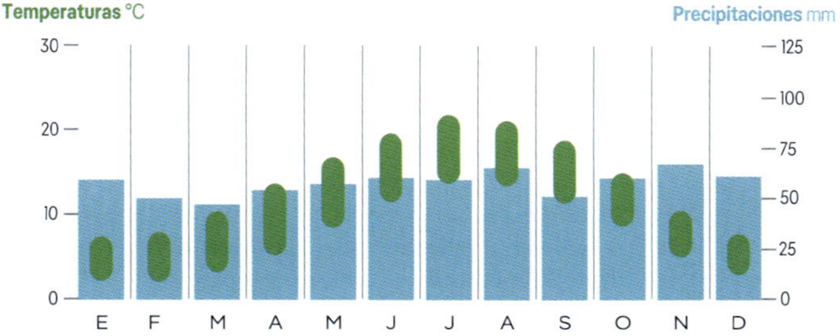

LOREDANA SANGIULIANO/SHUTTERSTOCK ©

Carnaval de Notting Hill.

Espectáculos deportivos

Agosto a mayo **La temporada de fútbol** va de finales de verano a finales de primavera. Los partidos femeninos del Arsenal y el Chelsea han registrado récords de asistencia en los últimos años, y es más fácil conseguir entradas que para los partidos masculinos de las principales categorías.

Junio y julio Durante dos semanas, los mejores jugadores de tenis del mundo disputan el torneo de **Wimbledon.** Es una buena ocasión para divertirse y socializar.

Julio Los fans del **críquet** pueden ver partidos internacionales en Lord's y en The Oval. Las entradas de los grandes partidos se venden por sorteo, pero las de partidos de menor trascendencia son fáciles de conseguir.

Febrero y marzo Durante el Campeonato de las Seis Naciones se pueden ver partidos internacionales de **'rugby'** en el Twickenham Stadium.

CONSEJOS SOBRE ALOJAMIENTO

Las mejores ofertas se encuentran en los meses más fríos y lluviosos (enero a marzo). Los precios de los hoteles se disparan en verano y en Navidad, pero lejos del centro se pueden encontrar buenos precios todo el año. Siempre se puede tomar el metro.

Cómo llegar

Londres es uno de los lugares mejor conectados del planeta. Sus seis aeropuertos comerciales suman el mayor tráfico de pasajeros del mundo, pero también se puede llegar en tren desde otros puntos del Reino Unido y de Europa.

Del aeropuerto al centro

Tren

Aeropuerto de Heathrow Está conectado con el centro por la red de metro (Piccadilly Line), la Elizabeth Line y el Heathrow Express. El tiempo de viaje puede ir de los 15 min que tarda el Heathrow Express a Paddington, hasta los 40 min a Liverpool St con la Elizabeth Line.

Aeropuerto de Luton Desde la Luton Airport Parkway, a 10 min en autobús del aeropuerto, hay servicios de tren a St Pancras y Farringdon (20-30 min).

Aeropuerto de Gatwick El Gatwick Express (unos 30 min) conecta con Victoria Station, pero también hay trenes de servicio regular a las estaciones de City Thameslink, London Blackfriars y London Bridge (30-90 min).

Aeropuerto de Stansted El Stansted Express conecta con Liverpool St Station, en el centro de Londres (unos 35 min); también hace parada en Tottenham Hale, en la Victoria Line.

London City Airport El Docklands Light Railway (tren ligero) comunica con Stratford International (20 min) y Bank (30 min).

Aeropuerto de Southend Un servicio de tren regular comunica con Liverpool St Station (52 min).

Autobús

Es más barato, pero más lento. National Express y Airport Bus Express ofrecen diversos servicios.

Taxi

Es caro y puede ser mucho más lento que el tren.

Otros puntos de entrada

Cruce de fronteras

Los ferris procedentes de la Europa continental permiten introducir vehículos, igual que el servicio de tren LeShuttle, que pasa por el Eurotúnel, entre Coquelles (Francia) y Folkestone. Una vez en el Reino Unido, hay 120 km hasta Londres.

Eurostar
El tren de alta velocidad entre Londres y París conecta con otros destinos en Europa, pero es más caro que el avión y requiere reserva.

Cómo desplazarse

Londres es enorme, pero cuenta con excelentes comunicaciones. Mucha gente ahorra en hotel alojándose fuera del centro, cerca de una estación de metro, ya que con el "Tube" se puede llegar a cualquier rincón en poco tiempo. Una vez en el centro, las distancias son más cortas, por lo que a veces lo más rápido es caminar o ir en bici.

Metro

La red de metro más antigua del mundo tiene 272 estaciones repartidas en 11 líneas. Suele ser el mejor medio para evitar el tráfico. Los viernes y sábados por la noche circulan Night Tubes por las líneas Central, Jubilee, Northern, Piccadilly y Victoria. En el resto de líneas el horario suele ser de 5.30 a 00.30.

Tren

El tren ligero sin conductor Docklands Light Railway (DLR), el London Overground y algunos otros servicios de tren recorren Londres por la superficie. Suelen tener aire acondicionado (salvo algunos DLR antiguos) y cuando hace calor son una buena alternativa al metro.

Autobús

Los famosos autobuses rojos recorren toda la ciudad, y en algunos lugares del centro son eléctricos. Por solo 1,75 £ se puede hacer un recorrido panorámico por el centro. A veces (especialmente en horas punta) puede que sea más rápido ir a pie.

Bicicleta

Uno de los modos más baratos de moverse por Londres es alquilar una bici de Santander Cycle. Hay más de 10 000 repartidas por 800

DESDE LA IZDA.: COWARDLION/SHUTTERSTOCK ©, SERGII FIGURNYI/SHUTTERSTOCK ©

'APP' ESENCIAL

La **'app' TfL Go** contiene planos e información actualizada y es útil para planificar cualquier recorrido.

estaciones en la Zona 1 y algo más allá. Para conocer la disponibilidad hay que descargarse la *app*.

Patinete

En el centro de Londres se pueden alquilar patinetes eléctricos de tres compañías: Dott, Lime y TIER. Primero hay que descargarse la *app;* conviene hacerlo con antelación, ya que puede llevar un tiempo activarla.

A pie

El centro de Londres es compacto, y cuando hace buen tiempo apetece recorrer a pie sus callejones y sus múltiples atracciones. Para los trayectos largos conviene subirse a un autobús o tomar el metro.

Taxi

Los famosos taxis negros circulan por las Zonas 1 a 3 y se pueden parar por la calle: son toda una experiencia, pero no son baratos. También se pueden usar las redes Uber, Bolt y FreeNow, así como *minicabs,* a través de sus respectivas *app*.

Coche de alquiler

Tienen la desventaja de que en Londres hay calles estrechas y mucho tráfico, y de que el aparcamiento es caro. En algunas zonas se cobra una Congestion Charge (tasa de congestión) de 15 £, y tasas por emisiones a los coches que no cumplen con los criterios de Emisiones Cero.

Información práctica

Tarjetas Oyster y 'contactless'

El modo más fácil de moverse por Londres es con la tarjeta recargable Oyster Card (oyster.tfl.gov.uk/oyster/entry.do), o usando una tarjeta de crédito *contactless* (los usuarios de tarjetas de otros países quizá tengan cargos suplementarios). A partir de un gasto diario establecido, el resto de viajes son gratis.

Planificación

Conviene planificar el viaje antes de salir. Las incidencias en la red de metro son frecuentes, lo que puede provocar atascos. En el sitio web de TfL y en las cuentas de cada línea en la red X se encontrará información actualizada.

Recorridos en bicicleta

Se está realizando una gran inversión para hacer seguros los carriles-bici de la ciudad. Para encontrar el recorrido más seguro se pueden consultar las *app* Citymapper, Komoot o CycleStreets.

Etiqueta en el metro

En Londres son habituales las prisas, así que hay que respetar ciertas normas en el metro: ponerse a la derecha en las escaleras mecánicas para dejar paso, y dejar salir antes de subir al vagón. Debe cederse el asiento a quien lo necesite (embarazadas, discapacitados o ancianos), y conviene tener el pase listo antes de llegar a la entrada.

Equipamiento

- Para moverse por Londres conviene llevar un calzado cómodo. Aunque se vaya en metro o en autobús, habrá que caminar.
- En el metro y el autobús, es mejor evitar llevar grandes bultos, que puedan obstaculizar el paso.

Horas punta

Siempre que sea posible es mejor evitar las horas punta (6.30 a 9.30, y 16.00 a 19.00 de lunes a viernes), para ahorrar en el billete y evitar aglomeraciones en autobuses, trenes y metro.

PRECIOS

Billete de metro/tren
A partir de 1,80 £ con la tarjeta Oyster o *contactless*

Bicicletas Santander Cycle
1,65 £ los primeros 30 min

Alquiler de patinete eléctrico
1 £ para activarlo y 15 peniques/min

IMPAGO DEL BILLETE

En caso de no llevar billete se puede incurrir en una multa de hasta 80 £ la primera vez.

BILLETES

Precios de los billetes comprados al momento. (Se pueden obtener descuentos para períodos más largos, sin límite de viajes en autobuses, trenes y metro.)

Validez	Zonas 1 y 2 (£)	Zonas 1, 2 y 3 (£)	Zonas 1, 2, 3 y 4 (£)
1 día	8,50	10,00	12,30
1 semana	42,70	50,20	61,40
1 mes	164,00	192,80	235,80

ZONAS DE TRANSPORTE

1

Zona 1 Centro de Londres, con la mayoría de reclamos.

2

Zona 2 Aún bastante céntrica, con muchos lugares de interés.

3+

Zonas 3 y 4 Más residenciales.

Otra cara de Londres

En Londres abundan las reliquias del pasado y curiosidades ocultas, aunque a la vista de todos. Mirando bien se descubrirán algunas rarezas.

Bares en baños públicos

Hay baños públicos por toda la ciudad, pero si se mira atentamente se verá que no todos son lo que parecen. Muchos de los *water closets* (WC) subterráneos han sido reconvertidos en elegantes coctelerías y cafeterías. El **High Cross,** en unos antiguos baños de Tottenham, es un local con estética de *pub* donde tomar cervezas y tartas de carne; el **CellarDoor,** en The Strand, presenta espectáculos de *burlesque* hasta la madrugada; y el **Attendant Coffee Roasters,** en Fitzrovia, en unos baños victorianos, es un local abierto de día con una decoración muy original. Y bajando al **WC Wine & Charcuterie Bloomsbury** se podrán degustar excelentes vinos y carnes.

Gárgolas y quimeras

Si se alza la vista al pasar junto a los edificios góticos de Londres se descubrirán misteriosos rostros y amenazantes demonios tallados en las fachadas, normalmente sobre puertas o ventanas. Las gárgolas y las quimeras eran populares en la Edad Media. Se supone que ahuyentan a los malos espíritus, protegiendo los edificios y a sus moradores. Vale la pena estirar el cuello frente a la **St Pancras Station,** la **Torre de Londres,** la **abadía de Westminster,** el **Natural History Museum** y otras estructuras góticas para ver las peculiares bestias que viven en las alturas.

Cabinas rojas

Hubo un tiempo en que había miles de cabinas rojas repartidas por toda la ciudad. La primera se instaló en 1921, y enseguida se convirtieron en iconos de la cultura británica, con su exterior de hierro en color rojo vivo decorado con una corona dorada. Aunque la mayoría han desaparecido, aún se pueden ver algunas en lugares de interés turístico como **Covent Garden,** frente a **St Paul's,** en los **St Katharine's Docks** y en el **Victoria Embankment.** Probablemente la cabina de **Parliament Square,** frente al Big Ben, sea la más fotografiada, y aún funciona.

Tiendas de 'Pie & Mash'

Esta delicia típica del East End, nacida en los muelles hace un siglo, sigue sirviéndose en los clásicos *pie saloons*. Estos locales tienen un aspecto característico: ambientes familiares y acogedores, con una decoración sobria. Algunos aún conservan los clásicos azulejos vic-

LUKASZ PAJOR/SHUTTERSTOCK ©

Cabina roja, Parliament Square.

CHRISDORNEY/SHUTTERSTOCK ©

Gárgola, Natural History Museum.

ABDUL_SHAKOOR/SHUTTERSTOCK ©

Artillery Passage.

WORMSMEAT/SHUTTERSTOCK ©

Túnel subterráneo.

torianos verdes, las encimeras de mármol, los taburetes de madera y letreros dorados. El **M Manze** de Bermondsey data de 1902, y es un espléndido ejemplo del aspecto que tenían las *pie & mash shops* en el Londres victoriano. **F Cooke,** en Hoxton, es otro templo del *pie and mash,* y apenas ha cambiado en un siglo. Cooke abrió su primer local en Londres en 1862.

Callejones famosos

Para volver al Londres de Charles Dickens hay que buscar sus antiguos callejones y pasajes, muchos de ellos adoquinados, con escaparates victorianos y viejas farolas de época. El **Artillery Passage,** cerca de Spitalfields, es antiguo y pintoresco; recorre el extremo sur del St Mary Spital, hospital de origen medieval. Sus restaurantes, vinaterías y tiendas conservan el ambiente de la época, con sus carteles y una farola victoriana. El **Rupert Court,** en el Soho, también conserva ese ambiente. Al final del pasaje está el *pub* **Blue Posts,** de 1739, supuestamente llamado así por los postes que marcaban los confines de los Soho Fields. Con el paso de los años y el crecimiento de la ciudad, el callejón se llenó de casas de juego y bares de mala fama. Ahora está en pleno centro del barrio LGTBIQ+ de Londres.

Los túneles perdidos de Londres

La red del Tube (metro) de Londres tiene 400 km de longitud por los que pasa todo el mundo, pero conserva rincones escondidos: túneles en desuso, pozos y pasajes ocultos tras puertas secretas. El London Transport Museum organiza circuitos organizados por estaciones fantasma como **Euston, Charing Cross, Aldwych, Moorgate** o **Clapham South.** Quizá se reconozca parte del recorrido de películas y series como *Skyfall, Sherlock* o *Killing Eve.*

FUERA DE RUTA

- El **Old Operating Theatre** es uno de los quirófanos más antiguos que se conservan, y está abierto al público. Allí los cirujanos experimentaban nuevos procedimientos médicos.
- Un lugar original para tomarse una pinta es el **Prospect of Whitby** (p. 202), considerado el *pub* más antiguo del Támesis, y lugar de encuentro de piratas y contrabandistas.
- El **Hunterian Museum** muestra más de 2000 animales, plantas, huesos y partes del cuerpo, desde globos oculares a órganos en frascos de cristal.
- El **cementerio de Abney Park,** de estilo gótico, se usaba para enterrar a los no anglicanos, abolicionistas y otros 'disidentes' del centro de Londres.
- En el salón de juegos **Novelty Automation** se podrá jugar con máquinas curiosas, entre ellas la tragaperras Housing Ladder.

Explora Londres

Circuitos a pie

Tower Bridge (p. 115).
PANDORA PICTURES/SHUTTERSTOCK ©

Sugerencias de lugares para comer, beber y comprar en **p. 55**

Explora
Portobello Road y oeste de Londres

El oeste de Londres es una zona enorme compuesta de barrios diversos. Es conocido sobre todo por la película de 1999 *Notting Hill*, y por el mercado de antigüedades más grande del mundo, el de Portobello Road. En la década de 1950 el barrio recibió mucha inmigración de Trinidad. Paddington, al este, dispone de una gran oferta hotelera, y es donde está la idílica Little Venice. Queensway, en Bayswater, está llena de restaurantes de Oriente Próximo. Shepherd's Autobúsh cuenta con una enorme zona comercial, y Hammersmith concentra importantes escenarios, excelentes restaurantes y un pintoresco tramo del Támesis lleno de *pubs*.

Cómo desplazarse

Metro
Notting Hill Gate es la puerta de acceso al Portobello Road Market por el sur. Por aquí pasan las líneas Central, Circle y District, que también pasan por Hammersmith, Paddington y Shepherd's Autobúsh.

Autobús
Es uno de los medios de transporte más baratos, y hay rutas por las vías principales de todo el distrito que llegan incluso donde no llega el metro.

Tren
El Heathrow Express comunica el aeropuerto de Heathrow con Paddington (15 min aprox.) igual que la Elizabeth Line (que cuesta la mitad pero tarda 30 min).

Little Venice (p. 54).
MASAMI.K/SHUTTERSTOCK ©

LO MEJOR

Los sábados, curiosear entre las antigüedades del **PORTOBELLO ROAD MARKET** (p. 46).

Descubrir las tendencias de vanguardia en el moderno **DESIGN MUSEUM** (p. 52).

Bailar en la fiesta callejera más grande de Europa, el **CARNAVAL DE NOTTING HILL** (p. 53).

Recorrer el **REGENT'S CANAL** en barco (p. 54) desde la encantadora Little Venice.

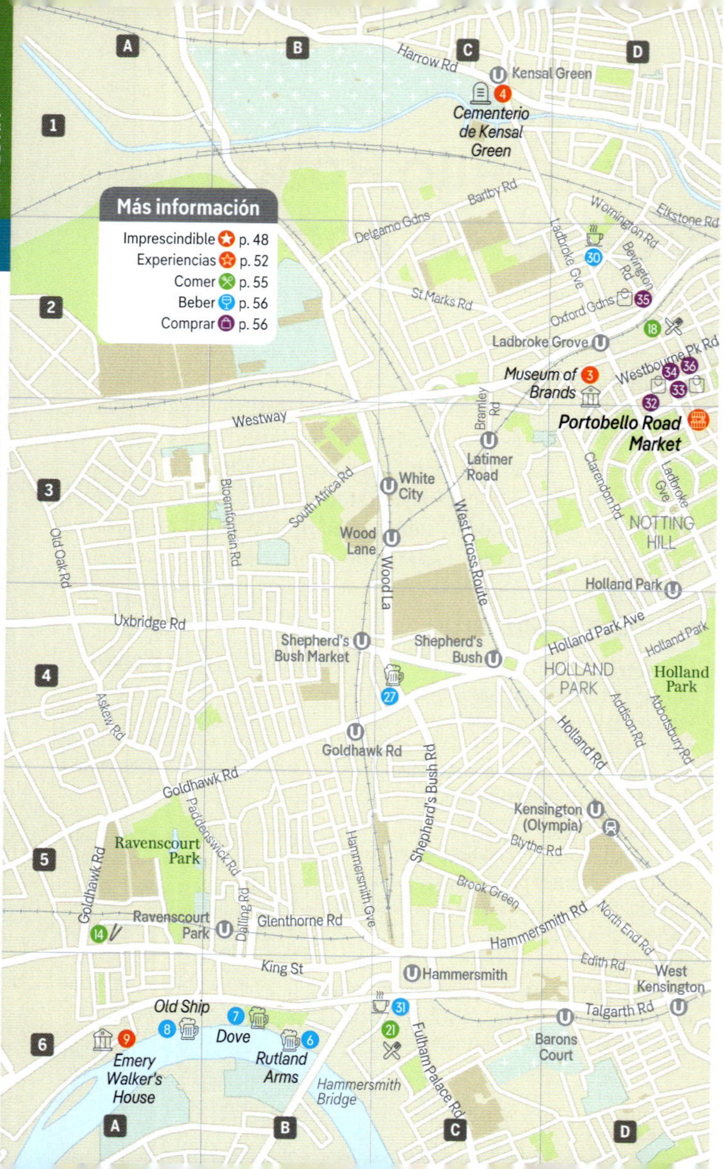
Más información
Imprescindible p. 48
Experiencias p. 52
Comer p. 55
Beber p. 56
Comprar p. 56
A
B
C
D
1
2
3
4
5
6
Harrow Rd
Kensal Green
4
Cementerio de Kensal Green
Bartby Rd
Delgamo Gdns
Wornington Rd
Elkstone Rd
Ladbroke Gve
Bevington Rd
30
St Marks Rd
Oxford Gdns
35
18
Ladbroke Grove
Westbourne Pk Rd
34
36
33
32
Museum of Brands
3
Portobello Road Market
Westway
Bramley Rd
Latimer Road
White City
South Africa Rd
Bloemfontein Rd
Old Oak Rd
Wood Lane
Wood La
West Cross Route
Clarendon Rd
Ladbroke Gve
NOTTING HILL
Holland Park
Uxbridge Rd
Shepherd's Bush Market
Shepherd's Bush
Holland Park Ave
Holland Park
HOLLAND PARK
Holland Park
27
Askew Rd
Goldhawk Rd
Addison Rd
Abbotsbury Rd
Holland Rd
Goldhawk Rd
Shepherd's Bush Rd
Paddenswick Rd
Ravenscourt Park
Hammersmith Gve
Kensington (Olympia)
Blythe Rd
Goldhawk Rd
Brook Green
Ravenscourt Park
Dalling Rd
Glenthorne Rd
14
Hammersmith Rd
North End Rd
King St
Hammersmith
Edith Rd
West Kensington
Old Ship
31
Talgarth Rd
7
8
Dove
21
Barons Court
9
6
Emery Walker's House
Rutland Arms
Fulham Palace Rd
Hammersmith Bridge

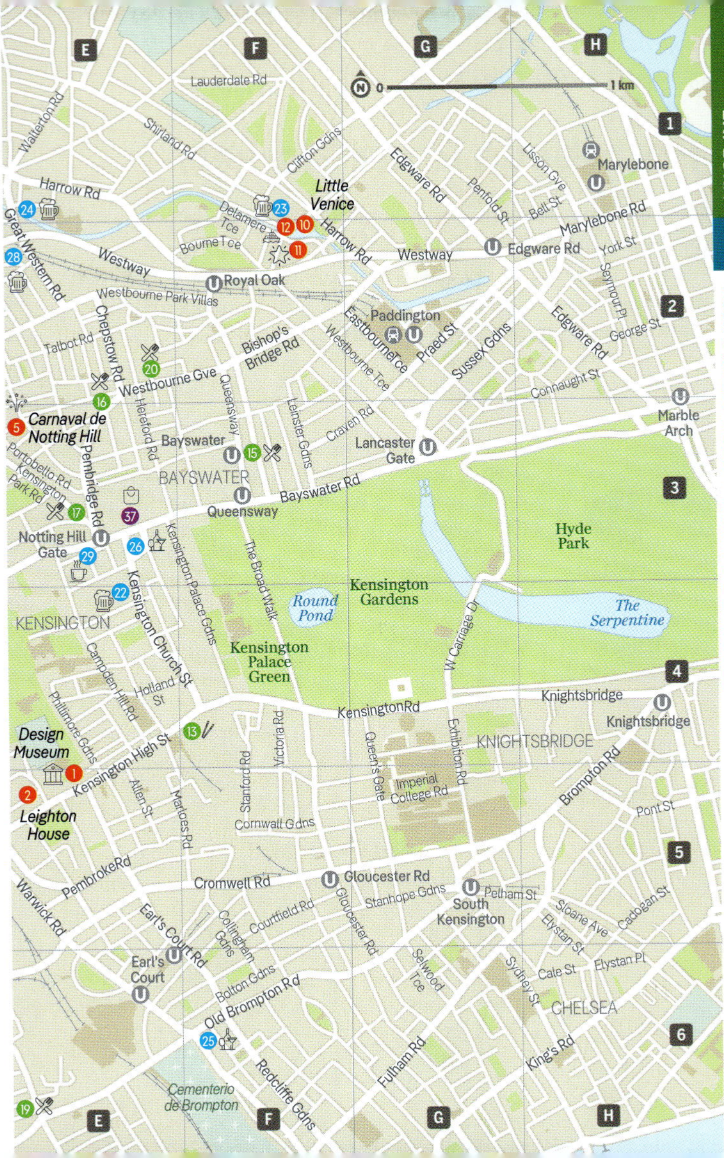
E
F
G
H
0
1 km
1
2
3
4
5
6
Lauderdale Rd
Walterton Rd
Shirland Rd
Clifton Gdns
Little Venice
Edgware Rd
Penfold St
Lisson Gve
Marylebone
Bell St
Marylebone Rd
York St
Harrow Rd
Delamere Tce
Bourne Tce
Harrow Rd
Westway
Westway
Edgware Rd
Great Western Rd
Royal Oak
Westbourne Park Villas
Paddington
Eastbourne Tce
Westbourne Tce
Praed St
Sussex Gdns
Edgware Rd
Seymour Pl
George St
Talbot Rd
Chepstow Rd
Bishop's Bridge Rd
Westbourne Gve
Queensway
Leinster Gdns
Craven Rd
Connaught St
Marble Arch
Carnaval de Notting Hill
Hereford Rd
Bayswater
Lancaster Gate
Portobello Rd
Kensington Park Rd
Pembridge Rd
BAYSWATER
Queensway
Bayswater Rd
Notting Hill Gate
Kensington Church St
Kensington Palace Gdns
The Broad Walk
Hyde Park
Round Pond
Kensington Gardens
The Serpentine
KENSINGTON
Camden Hill Rd
Kensington Palace Green
W Carriage Dr
Holland St
Phillimore Gdns
Knightsbridge
Knightsbridge
Kensington Rd
Victoria Rd
Queen's Gate
Exhibition Rd
KNIGHTSBRIDGE
Design Museum
Kensington High St
Stanford Rd
Imperial College Rd
Brompton Rd
Leighton House
Allen St
Marloes Rd
Cornwall Gdns
Pont St
Pembroke Rd
Cromwell Rd
Gloucester Rd
Pelham St
Warwick Rd
Stanhope Gdns
South Kensington
Sloane Ave
Cadogan St
Earl's Court Rd
Collingham Gdns
Courtfield Rd
Gloucester Rd
Elystan St
Earl's Court
Selwood Tce
Sydney St
Cale St
Elystan Pl
Bolton Gdns
Old Brompton Rd
CHELSEA
King's Rd
Fulham Rd
Redcliffe Gdns
Cementerio de Brompton
1
2
5
10
11
12
13
15
16
17
19
20
22
23
24
25
26
28
29
37

★ IMPRESCINDIBLE

Portobello Road Market

Este enorme y encantador mercado, popularizado por la película *Notting Hill,* atrae a una multitud de turistas. Son varios mercados en uno, pero la gran atracción son los mil puestos de ropa *vintage,* antigüedades, quincalla y artículos para el hogar, que ocupan unos 800 m de calle.

PLANO: P. 46 **D3**

CONSEJO
La mayoría de tiendas y algunos puestos abren todos los días; los viernes y sábados es cuando hay más gente. Es fácil pasarse unas cuantas horas curioseando; conviene llevar calzado cómodo.

Sur de Portobello Road

En el tramo de Portobello Rd entre Chepstow Villas y Elgin Cress/Colville Terrace se verán casas de colores pastel, y los bonitos escaparates de tiendas de mapas, cómics, discos y ropa dan paso a tiendas de antigüedades, joyas artesanas, cuadros y piezas étnicas.

Centro de Portobello Road

Los puestos son más típicos de mercado clásico según se avanza hacia el norte desde Elgin Cres hasta Talbot Rd: fruta y verdura, ropa de segunda mano, artículos de menaje y quincalla. En la zona bajo la Westway hay puestos de calzado y ropa moderna.

Norte de Portobello Road

La **Portobello Green Arcade,** galería cubierta con puestos de ropa y joyas a la última, es todo un respiro tras tanto jaleo. En la zona norte se encontrará ropa *vintage,* aunque no por eso barata (quizá se pueda regatear). Al noreste hay un callejón con una veintena de puestos de comida. Se encontrará desde comida tailandesa

INIGO FDZ DE PINEDO/SHUTTERSTOCK ©

a burritos, *momos* (empanadillas del Himalaya) y c'Abras' del Caribe. Quien aún quiera más puede seguir al norte hasta la zona de Golborne Rd, más tranquila, donde se pueden encontrar desde cucharas de plata o pelícanos rosa de metal para el jardín a guantes de boxeo antiguos.

Escanea este código QR para acceder a toda la información.

CIRCUITO A PIE

Cine y arte en Notting Hill

Este barrio, animado y diverso, con su bullicioso mercado de antigüedades, sus casas de época de colores pastel, su ambiente bohemio y sus murales, solo se puede explorar a pie, empapándose de sus olores y sonidos, y descubriendo los rincones donde se filmó la famosa película protagonizada por Hugh Grant.

INICIO	FINAL	DURACIÓN
Estación Notting Hill Gate	Estación Ladbroke Grove	2,4 km; 1-2 h

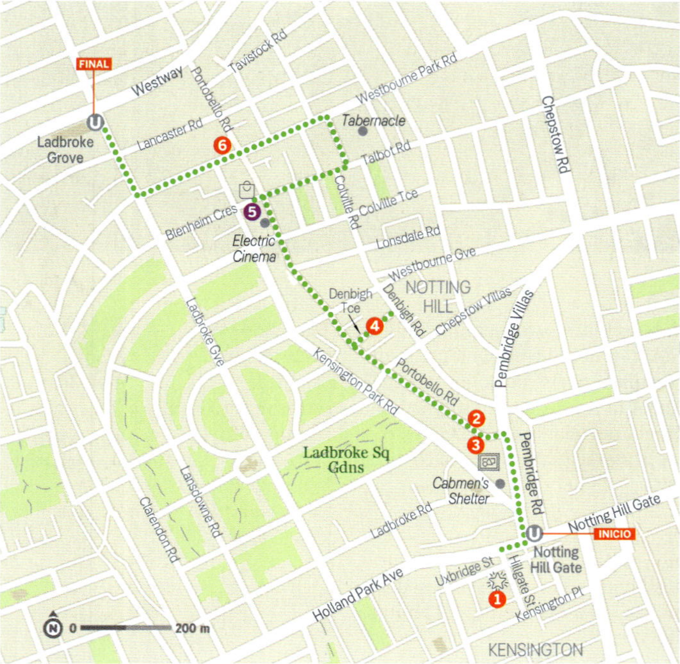

1 Coronet Theatre

Se sale de la estación del metro de Notting Hill Gate por el sur. Al oeste queda el Coronet Theatre, de 1898; en la famosa película *Notting Hill* era un cine. Se puede echar un vistazo a las casas de colores de Callcott St y luego cruzar Notting Hill Gate en el semáforo de Pembridge Rd.

2 Placa de George Orwell

Junto a Kensington Park Rd hay un Cabmen's Shelter, de color verde. Estas casetas se crearon en la época victoriana para que los taxistas pudieran comer y beber sin abandonar el vehículo, y aún quedan 13. Aquí siguen sirviendo bebidas calientes. Desde Pembridge Rd se gira a la izquierda por **Portobello Rd**. En el **nº 22** hay una placa en recuerdo de George Orwell, que vivió aquí con Mrs. Craig durante el invierno de 1927, después de abandonar su puesto en la Policía Imperial India, en Birmania.

3 ¿Un Banksy?

En el **nº 19 de Portobello Rd** hay una pintura en la pared que muchos atribuyen a Banksy. Dice "Made You Look" ("Te he hecho mirar"), escrito con fichas de Scrabble. Los escépticos dicen que no puede ser de Banksy, porque las fichas no usan el sistema de puntuación de la versión británica del juego.

4 Casas de color pastel

Frente a **Denbigh Tce,** con sus casas de color pastel que tanto gustan a los *instagrammers,* hay un gran mural en el **nº 95-97,** obra del artista portugués Vhils.

5 Librerías legendarias

Más al norte, en el nº 142, hay una tienda de regalos, "The Travel Book Shop". El exterior sirvió como imagen de la librería de William Thacker (Hugh Grant) en la película *Notting Hill.* Para ver la tienda que inspiró la cinta realmente hay que dejar atrás el Electric Cinema y tomar Blenheim Cres hasta la **Notting Hill Bookshop,** en el nº 13.

6 La puerta azul

Cruzando Portobello Rd y siguiendo Talbot Rd se llega a la All Saints Church y Powys Sq, con The Tabernacle, antigua iglesia convertida en centro artístico y sede de la organización del carnaval de Notting Hill. Siguiendo Westbourne Park Rd al norte y girando a la izquierda se llega a la puerta azul del **nº 280,** cerca de Portobello Rd, que era la entrada a la casa de Thacker en la película. A la izquierda queda Ladbroke Grove; la estación de metro del mismo nombre está algo más allá, al norte.

EXPERIENCIAS

Inmersión en el Design Museum

MUSEO

PLANO: 1 P. 46 **E5**

El innovador Museo del Diseño es de visita imprescindible para los amantes de la historia del diseño. En el 2016 se trasladó a este edificio proyectado por John Pawson (que costó 83 millones de libras), con lo que ahora cuenta con más espacio para sus muestras de pago de grandes nombres del diseño como la de Ai Wei Wei, en dos grandes galerías en la planta baja y la planta subterránea. Subiendo por la espectacular escalera hasta la 2ª planta se encontrará la Crowd Sourced Wall ("pared de colaboración abierta"), con productos de consumo emblemáticos y otros escogidos por el público, desde el logo de "Underground" a los vaqueros Levi's. La colección principal, "Designer Maker User", es gratis y examina los procesos de concepción, producción y consumo a través de diferentes objetos: TV, ordenadores Apple, sillas y vajilla. La idea es ver cómo ha evolucionado el diseño y qué es lo que puede marcar la diferencia entre el éxito y el fracaso en los objetos ideados para la producción a gran escala.

La impresionante casa del pintor Frederic Leighton

ATRACCIÓN CULTURAL

PLANO: 2 P. 46 **E5**

La **Leighton House** es la mansión donde vivió Frederic, lord Leighton (1830-1896), uno de los artistas de mayor éxito de finales del s. XIX. Sus cuadros, tan famosos como caros, representaban imágenes históricas, bíblicas y clásicas. La casa se construyó en 1866 con la ayuda de su amigo, el arquitecto George Aitchison, y acabó convirtiéndose en un palacio lleno de obras de arte muy visitado por artistas prerrafaelitas (cuyas obras decoran las paredes).

Su principal atractivo es el salón árabe cubierto de azulejos coloridos de Grecia, Turquía y Oriente Medio, con una fuente en el centro y una encantadora ventana con celosía de Damasco. Desde el Narcissus Hall hay que subir la escalera que vigila un pavo real disecado para ver los dos estudios de Leighton (uno de ellos solo usado en invierno) y la austera habitación privada con una estrecha cama individual. La casa original se amplió en el 2022 con una impresionante escalera helicoidal y siete galerías de exposiciones temporales.

Un viaje al pasado en el Museum of Brands

MUSEO

PLANO: 3 P. 46 **D2**

El Museo de las Marcas permite retroceder en el tiempo gracias a sus 12 000 objetos de consumo recogidos por el diseñador e historiador del consumo Robert Opie en las últimas seis décadas. El "Recorrido del Recuerdo" sigue un orden cronológico a lo largo de 200 años de cultura del consumo, desde tiempos victorianos hasta la actualidad, con juegos y juguetes, como muñecas Barbie y tableros de Monopoly, cereales de desayuno, detergentes y sopas en lata. Es especialmente interesante para nostálgicos del lugar, ya que las marcas son casi exclusivamente británicas.

Kensal Green, un Valhalla victoriano para ricos

CEMENTERIO

PLANO: 4 P. 46 **C1**

Tradicionalmente, Londres enterraba a sus muertos en pequeñas iglesias parroquiales, hasta que la población se disparó en la primera mitad del s. XIX y se llenaron tanto que eran un peligro para la salud. Una ley del Parlamento estableció el primer cementerio ajardinado de la ciudad en Kensal Green en 1832, basado en lo que visitantes ingleses habían observado en el cementerio Père-Lachaise de París. En una década se crearon seis cementerios privados más, como los de Brompton y Highgate (p. 184). Hoy en día se los conoce como los Siete Magníficos.

Durante años, Kensal Green fue el lugar más Autobúscado de Londres para ser enterrado, y se convirtió en la última morada de eminencias como Charles Babbage, Isambard Kingdom Brunel, Anthony Trollope y, más recientemente, Harold Pinter. Pero no sale barato: una tumba para adulto en una ubicación de primera cuesta 22 000 £. En el centro del cementerio se alza la enorme capilla anglicana de estilo griego de la que parten las visitas guiadas, los domingos a las 14.00.

Carnaval de Notting Hill, la mayor fiesta de verano de Europa

CARNAVAL

PLANO: 5 P. 46 **E3**

El mayor festival al aire libre de Europa llega cada año a las calles de **Notting Hill** el último fin de semana de agosto. Millones de espectadores asisten al desfile y decenas de miles de personas actúan recorriendo las calles en un desfile de carnaval que transforma el barrio en una fiesta callejera afrocaribeña.

Cada día es diferente: en el desfile principal se verán trajes, maquillajes y tocados indescriptibles que desafían la ley de la gravedad. Las escuelas de samba le dan un sabor brasileño, y las bandas y los músicos de *calypso* tocan música de Trinidad. Más de 30 equipos de sonido (fijos y móviles) llenan el barrio de *reggae, funk, drum'n'bass* y *soca,* y más de 300 puestos sirven comida callejera.

Los 'pubs' junto al río de Hammersmith

PUBS

En Hammersmith hay *pubs* junto al río, como el **William Morris Society** o el **Emery Walker's House** (p. 54), a los que se puede llegar siguiendo la vía peatonal que recorre el Lower Mall y el Upper Mall, lo que puede aprovecharse

POR LAS AGUAS DEL CANAL
Un par de compañías ofrecen travesías por el Regent's Canal hasta la esclusa de Camden pasando por el Zoo de Londres. La **London WaterAutobús Company** (PLANO: 11 P. 46 **F2**) ofrece de seis a nueve travesías de 45 min al día entre abril y octubre, y con menor frecuencia el resto del año. También hay salidas más largas en las que se sirve el té de la tarde. **Jason's Trip** (PLANO: 12 P. 46 **F2**) tiene una oferta similar, pero con menos salidas. En ambos casos conviene reservar con antelación.

para visitar un trío estupendo de *pubs*. El primero es el **Rutland Arms** (PLANO: 6 P. 46 **B6**), menos evocador pero con una enorme terraza. Luego viene el **Dove** (PLANO: 7 P. 46 **B6**), del s. XVII, con mucha personalidad y vistas del río. El **Old Ship** (PLANO: 8 P. 46 **A6**), de 1722, también se asoma al río. Los tres se llenan de espectadores durante la Oxford and Cambridge Boat Race, en abril.

Curioseando por la Emery Walker's House ATRACCIÓN CULTURAL

PLANO: 9 P. 46 **A6**

Unos 5 min a pie al oeste desde la **Morris Society** se encuentra esta cápsula del tiempo llena de tesoros de estilo *arts and crafts* donde vivió durante tres décadas el tipógrafo e impresor Emery Walker, que se hizo muy amigo de su vecino. La casa abre solo para visitas guiadas (previa reserva) que muestran las habitaciones principales: biblioteca, comedor, salón y sala de exposiciones con una colección de papeles pintados y telas de Morris & Company estampados con tampones de madera; también hay exposiciones temporales. En la biblioteca hay una silla de Morris del s. XVII, y se conserva un mechón de cabello que le cortaron en su lecho de muerte.

Un paseo por la pintoresca Little Venice CANAL

PLANO: 10 P. 46 **F2**

La "Pequeña Venecia", que supuestamente llamaron así en honor al poeta romántico lord Byron, está en el cruce entre el **Regent's Canal** y el **Grand Union Canal,** y junto a la entrada a la recién restaurada Paddington Basin. Los canales de Londres hoy se usan sobre todo para barcos de recreo y ciclismo, pero en el pasado se encargaban del traslado de materias primas y productos manufacturados entre poblaciones fabriles, ríos y puertos. El Regent's Canal se construyó en 1820, mide casi 15 km de largo y une el ramal de Paddington del antiguo Grand Union Canal con la Limehouse Basin, en el Támesis. El carbón, el grano y otras mercancías a granel (como el hielo importado de Noruega en barco) se cargaban en barcazas tiradas por caballos y se trasladaban hasta aquí o más allá, por el Grand Union Canal, que recorre más de 220 km hasta Birmingham.

Lo mejor para...

£ Económico ££ Medio £££ Alto

Localizaciones en el plano de la **p. 46**

Comer

Asiático

Akira £££
13 F4
El *sushi* y la cocina *robata* (a la brasa) de este restaurante sublime, situado en la Japan House, tienen una presentación tan deliciosa como su sabor. *12.00-15.00 y 18.00-24.00 ma-sa*

101 Thai Kitchen £
14 A5
Sencillo local con una comida tailandesa genuina, desde pastelitos de pescado y curris a sabrosas ensaladas. *12.00-15.00 y 18.00-22.30 ma-do*

Med Salleh Kopitiam £
15 F3
Esta original *coffeehouse* sirve comida callejera malaya, desde arroz con pollo de Hainan a curri *laksa*, y unos fantásticos fideos *char kuey teow*. *8.00-21.30 lu-ju, 8.00-22.00 vi y sa, 8.00-21.00 do*

Comida barata

Taquería £
16 E2
Los tacos mexicanos (y los margaritas) que sirve este local informal de Westbourne Grove son de lo mejorcito de la ciudad. *12.00-23.00*

Fish House £
17 E3
Local de Notting Hill con un pescado frito a la perfección, ligero y crujiente, acompañado de sabrosas patatas. *12.00-21.00*

Portobello Health Foods £
18 D2
Fue uno de los primeros locales veganos y vegetarianos de la capital inglesa, con sabrosas ensaladas y platos calientes para llevar. *10.00-20.00*

Vegetariano

222 Vegan Cuisine £
19 E6
Este humilde restaurante sirve platos creativos como su *'burger'* de espárragos y guisantes, o su ensalada con fideos de calabacín. *10.00-23.00*

Farmacy ££
20 E2
Los platos que sirve este atractivo restaurante se hacen con ingredientes procedentes de su granja (*farm;* de ahí el nombre) en Kent. *12.00-22.00 ma-vi, 9.00-22.00 sa y do*

The Gate Hammersmith ££
21 C6
Este pionero en el mundo vegetariano lleva aquí desde 1989, y tiene una carta variada y sugerente. Sus *brunches* de fin de semana son estupendos. *12.00-14.30 y 17.00-22.30 lu-vi, 12.00-22.30 sa, 12.00-21.30 do*

Beber

'Pubs' clásicos

Churchill Arms

22 E4

Pub de la cervecera Fuller conocido por sus recuerdos sobre Churchill, su extravagante decoración navideña y su comida tailandesa, servida en una estupenda terraza cubierta. *11.00-23.00 lu-sa, 12.00-22.30 do*

Warwick Castle

23 F1

Estupendo *pub* clásico de 1867 en una callejuela de Little Venice; el almuerzo del domingo es espléndido. *12.00-23.00 lu-sa, 12.00-22.30 do*

Union Tavern

24 E1

El Union cuenta con una agradable terraza junto al Grand Union Canal, una buena oferta de cervezas artesanas y un ambiente tranquilo. *12.00-23.00 lu-ju, 12.00-24.00 vi-sa, 12.00-22.00 do*

Música en directo

Troubadour

25 F6

Local legendario, inaugurado en 1954, que sigue ofreciendo música en directo (*jazz*, folk) en el sótano. *12.00-240 lu-mi, 12.00-2.00 ju, 10.00-2.00 vi y sa, 10.00-24.00 do*

Notting Hill Arts Club

26 E3

Bar-club en un sótano, desastrado pero con encanto, con noches de música retro y *underground* y –a veces– actuaciones de músicos pop de renombre. *7.00-24.00 lu, 7.00-2.00 ma-vi, 8.00-2.00 sa y do*

Sindercombe Social

27 C4

Este *pub* de Shepherd's Autobúsh tiene cervezas artesanas de temporada y acoge actuaciones en directo (pop, *rock*, rap) cuatro noches por semana. *12.00-23.00 lu y ma, 12.00-24.00 ju y do, 12.00-2.00 vi y sa*

Quiet Night Inn

28 E2

Pub-boutique de la Forest Road Brewery, con un pequeño escenario y música en directo. *15.00-23.00 lu-ju, 12.00-24.00 vi y sa, 12.00-23.00 do*

Café

Kuro Coffee

29 E3

Local minimalista japonés con un café y un *matcha* de lo mejor de la zona (la cola es prueba de ello). *7.00-17.00 lu-sa, 8.00-17.00 do*

Lowry & Baker

30 D2

El café, de la Monmouth Coffee Company, se sirve en tazas y platos desparejados, y los desayunos son de primera. *8.00-16.00 ju-ma*

Antipode

31 C6

Café artesanal, hecho como solo los australianos saben. *7.00-16.00 lu-ju, 7.30-23.30 vi, 8.00-23.30 sa y do*

Compras

Librerías

Lutyens & Rubinstein

32 D2

Esta pequeña librería, creada por dos agentes literarios, vende solo obras consideradas de calidad, no *bestsellers*. Para quien se toma los libros en serio. *9.30-17.30 lu-vi*

Notting Hill Bookshop

33 D2

Esta librería sirvió de inspiración para la tienda de Hugh Grant en la película *Notting*

CKTRAVELS.COM/SHUTTERSTOCK ©

Hill, y siempre hay unos cuantos fans tomándose selfis en la puerta. Es generalista, pero tiene una sección especial de viajes y una agradable sección infantil detrás. *9.00-19.00*

Books for Cooks

34 D2

Libros de cocina de todos tipos, para chefs y novatos, con representación de la gastronomía de numerosos países. A la hora del almuerzo se pueden probar recetas en el café de atrás (foto arriba). *10.00-18.00 ma-sa*

Música

Honest Jon's

35 D2

Es el Harrods de las tiendas de música, abierta en 1974, y con una oferta que va del *blues* y el *jazz* al *reggae,* el soul y el *funk*. *10.00-18.00 lu-sa*

Rough Trade West

36 D2

En el pasado era la sede de la discográfica punk del mismo nombre. Hoy vende vinilos *vintage* y libros de segunda mano. *10.00-18.30 lu, ma y ju-sa, 12.00-18.30 mi, 11.00-17.00 do*

Music & Video Exchange

37 E3

Una referencia para los coleccionistas de discos desde 1967. Si no se encuentra aquí, ya no existe. *Rock* y pop en la planta baja, clásica y melódica abajo, y *reggae,* soul y *funk* arriba. *10.00-20.00*

Sugerencias de lugares para comer, beber y comprar en **p. 83**

Explora Covent Garden y el West End

Diseñada en 1630, Covent Garden Piazza conserva su encanto inglés. Hubo un tiempo en que estaba poblada de vendedores de fruta y verdura, de artesanía y músicos callejeros. Está en el West End, durante siglos barrio de la realeza y de los altos funcionarios; hoy en día se ve todo tipo de gente, aunque no todos pueden permitirse vivir aquí. Los precios se dispararon en el s. XX, convirtiendo el West End en una zona de ocio. Es un imán para los visitantes, con sus museos gratuitos y sus grandes atracciones –desde el Big Ben al palacio de Buckingham–, y su variada oferta gastronómica satisface a todo tipo de paladares.

Cómo desplazarse

A pie
Con tantos callejones adoquinados, plazas peatonales y callejuelas, por esta zona lo más práctico es caminar.

Metro
El barrio cuenta con numerosas paradas de metro, entre ellas Covent Garden, Leicester Square y Holborn.

Bicicleta
Se encontrarán estaciones de Santander Cycles por muchas calles del West End. Es más rápido que caminar.

'Rickshaw'
Quien quiera sentarse y pagar para que otro haga el trabajo duro puede parar un *rickshaw* a pedal por la calle.

Covent Garden (p. 72).
EMZZI/SHUTTERSTOCK ©

LO MEJOR

Ver las **CASAS DEL PARLAMENTO** (p. 76), probablemente uno de los lugares más conocidos del mundo.

Explorar las más de 2300 obras de arte de la **NATIONAL GALLERY** (p. 68).

Admirar el **PALACIO DE BUCKINGHAM** (p. 62), residencia oficial del rey Carlos.

Pasear por **COVENT GARDEN** (p. 72), histórica plaza comercial.

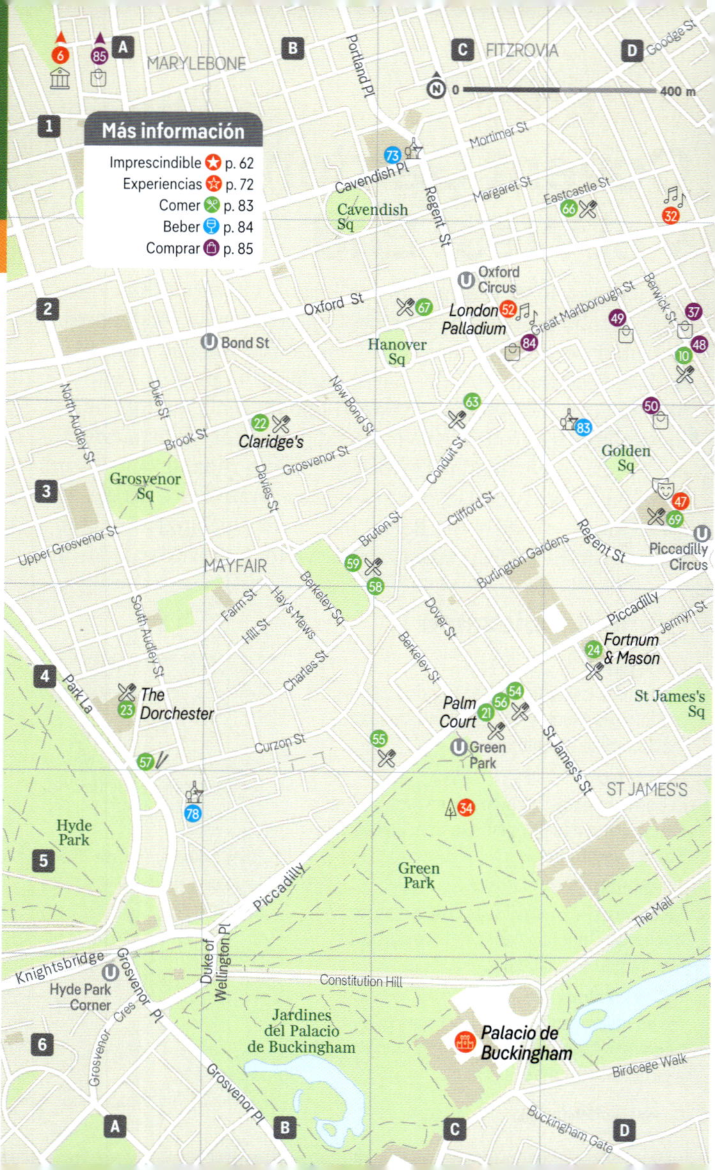
Más información
Imprescindible p. 62
Experiencias p. 72
Comer p. 83
Beber p. 84
Comprar p. 85
A
B
C
D
1
2
3
4
5
6
0
400 m
N
MARYLEBONE
FITZROVIA
MAYFAIR
ST JAMES'S
Portland Pl
Goodge St
Mortimer St
Cavendish Pl
Cavendish Sq
Regent St
Margaret St
Eastcastle St
Oxford Circus
Oxford St
London Palladium
Great Marlborough St
Berwick St
Bond St
Hanover Sq
North Audley St
Duke St
New Bond St
Brook St
Claridge's
Grosvenor St
Davies St
Conduit St
Golden Sq
Grosvenor Sq
Upper Grosvenor St
Bruton St
Clifford St
Regent St
Piccadilly Circus
Burlington Gardens
Berkeley Sq
Farm St
Hay's Mews
Hill St
South Audley St
Dover St
Piccadilly
Jermyn St
Fortnum & Mason
Berkeley St
Charles St
Park La
The Dorchester
Palm Court
St James's Sq
Curzon St
Green Park
St James's St
Hyde Park
Piccadilly
Green Park
The Mall
Duke of Wellington Pl
Knightsbridge
Grosvenor Pl
Hyde Park Corner
Constitution Hill
Grosvenor Cres
Jardines del Palacio de Buckingham
Palacio de Buckingham
Birdcage Walk
Grosvenor Pl
Buckingham Gate
6
85
73
66
32
67
52
84
49
37
48
10
63
83
50
22
47
69
59
58
24
54
56
21
23
55
57
78
34

E
F
G
H
1
2
3
4
5
6
Bedford Sq
British Museum
Tottenham Court Rd
Bloomsbury St
Vernon Pl
Procter St
High Holborn
Sir John Soane's Museum
Holborn
New Oxford St
Tottenham Court Rd
Kingsway
Lincoln's Inn Fields
Oxford St
St Giles High St
COVENT GARDEN
Great Queen St
Portugal St
Soho Sq
Endell St
Neal St
SOHO
Shelton St
Drury La
Covent Garden
Royal Opera House
Aldwych
Strand
Shaftesbury Ave
St Martin's La
Long Acre
Covent Garden Piazza
Wellington St
Aldwych Station
London Transport Museum
STRAND
Leicester Sq
Bedford St
CHINATOWN
Lancaster Pl
LEICESTER SQUARE
Piccadilly Circus
Strand
Victoria Embankment Gardens
Waterloo Bridge
Regent St
Haymarket
Trafalgar Square
Aire
Charing Cross
Embankment
Cockspur St
Whitehall
Pall Mall
Hungerford Bridge
Golden Jubilee Bridges
Waterloo Rd
WHITEHALL
The Mall
Horse Guards Parade
Whitehall
Victoria Embankment
Río Támesis
Jubilee Gardens
York Rd
St James's Park
St James's Park Lake
Nº 10 de Downing Street
Churchill War Rooms
Westminster
Parliament Sq
Westminster Bridge
Lambeth Palace Rd
St James's Park
Abadía de Westminster
Casas del Parlamento

★ IMPRESCINDIBLE

Palacio de Buckingham

El palacio más reconocible del planeta es todo un símbolo del Reino Unido. Es la residencia real oficial desde que la reina Victoria ascendió al trono, en 1837, y el rey Carlos III sigue usándolo, aunque los veranos se abre al público.

PLANO: P. 60 **C6**

CONSEJO
La ceremonia del cambio de la guardia puede cancelarse o retrasarse sin aviso previo, especialmente si hay viento o lluvia. Para información actualizada véase el sitio web oficial de la Household Division.

Escanea este código QR para comprar las entradas a través de la Royal Collection Trust.

Palacio exterior y The Mall

El palacio, que nació en 1703 como casa de campo, fue reconstruido por los arquitectos John Nash y Edward Blore para la ascensión de la reina Victoria al trono, añadiendo tres alas en torno a un patio central. Frente a la bonita fachada de piedra se alza el monumento a la Reina Victoria, erigido tras su muerte, en 1901. Es el monumento más alto y majestuoso dedicado a un monarca británico, y puede observarse, sobre el mármol de Carrara, una impresionante Victoria alada de bronce dorado sobre cuatro leones. Aquí nace The Mall, una calle corta pero importante, que acaba en el Admiralty Arch (Arco del Almirantazgo). En principio se creó como una vía de acceso ceremonial al palacio. Durante los jubileos de los reyes, las bodas y los funerales, millones de personas atestan esta calle para participar de la celebración, y los más entregados se disputan los lugares más próximos al balcón del palacio para intentar ver a los monarcas.

Cambio de la guardia

El acto con el que los Old Guards (los guardias en servicio) dejan su puesto a los New Guards es una ceremonia que sigue su ritual desde 1660.

I WEI HUANG/SHUTTERSTOCK ©

Cientos de turistas se congregan frente al palacio de Buckingham para ver a los soldados, con sus característicos gorros de piel de oso y sus casacas rojas, situándose en su puesto al son de una banda militar. La solemne ceremonia tiene lugar a la vista de todos, cada lunes, miércoles, viernes y domingo por la mañana.

Veranos en los Salones de Estado

El palacio de Buckingham no es solo una residencia real; también es una oficina en activo, con cientos de empleados, con muchos salones donde se celebran eventos y recepciones, entre ellas las 19 State Rooms, que se pueden visitar entre mediados de julio y septiembre, cuando el monarca se va de vacaciones. Los Salones de Estado son donde la familia real recibe a los invitados más importantes en visita oficial o ceremonial. Tienen una decoración imponente y contienen grandes obras de la Colec-

UNA PAUSA

Se puede tomar el té en el Goring, el hotel donde pasó la noche Catherine Middleton antes de su boda con el príncipe Guillermo. El té de la tarde es un clásico inglés, con pastitas y tentempiés servidos en bandejas de varios pisos.

EVENTOS SOLEMNES
St James's Park, que rodea el palacio de Buckingham, es el más antiguo de los parques reales y el lugar donde tienen lugar muchos eventos solemnes, desde las bodas reales y los jubileos a los desfiles militares, en los que los soldados marchan con casacas escarlata. Para conocer el calendario y ver uno de estos grandes eventos habrá que apuntarse al boletín informativo de Royal Parks.

ción Real, como cuadros de Van Dyck y Canaletto, esculturas de Canova, porcelana de Sèvres y finos muebles ingleses y franceses. Las visitas guiadas pasan por el Salón del Trono (donde se tomaron las fotos de boda del príncipe Guillermo y Kate Middleton) y por el monumental Salón Blanco. Conviene reservar con tiempo; las entradas vuelan.

Museos de los jardines del palacio

Las **caballerizas reales** albergan carruajes reales históricos y establos en funcionamiento y son responsables de gran parte de la organización de los viajes de la realeza. Los visitantes pueden acercarse a los más elaborados vehículos, incluida la carroza de oro utilizada para la coronación de todos los monarcas desde 1831, incluso la reina Isabel II (1953) y el rey Carlos III (2023). La **galería de la Reina,** en un lado del palacio, alberga una extraordinaria muestra de la Colección Real, con obras de maestros clásicos, muebles singulares, artes decorativas e imágenes de la colección de fotografías. La **Clarence House,** hogar de la reina Isabel, la reina madre entre 1953 y el 2002, también suele estar abierta a visitas en verano.

Museo de la Guardia

Fuera del palacio, en Birdcage Walk, está el Guards Museum. En sus orígenes era un centro de enseñanza donde los nuevos guardias aprendían la tradición de su regimiento. Hoy es un espacio público donde descubrir los cinco regimientos a través de uniformes, cuadros, armas, maquetas y otros objetos.

★ IMPRESCINDIBLE

Abadía de Westminster

La abadía de Westminster, Patrimonio Mundial, ha sido escenario de grandes momentos de la historia británica. Con la excepción de Eduardo V (asesinado) y Eduardo VIII (que abdicó), aquí han sido coronados todos los soberanos ingleses desde Guillermo el Conquistador, en el 1066, y es donde se celebran habitualmente los funerales reales.

Exterior: las entradas

La abadía de Westminster, moldeada por diferentes arquitectos durante su larga existencia, es una fantástica combinación de estilos gótico y románico por dentro y por fuera.

En la **Gran Puerta Oeste** puede verse la inscripción "Sancta Maria" en ambos lados, 10 estatuas de mártires modernos arriba y majestuosas torres de piedra Portland coronándola. Es la puerta más utilizada y la vía de salida de las ceremonias reales. Girando la esquina se llega a la **Gran Puerta Norte,** con el Cristo en Majestad bendiciendo la iglesia y el mundo, rodeado de ángeles. Debajo pueden verse a los apóstoles sentados y figuras en procesión (representan la música, la pintura, la escultura, la ley, la historia y la ingeniería), y arriba hay un rosetón. También hay ménsulas con animales y gárgolas.

Lado oeste: la nave y el coro

Por la Gran Puerta Oeste se accede a la nave, donde están enterrados varios personajes ilustres, incluidos Isaac Newton, Charles Darwin y Stephen Hawking. En el suelo, la **tumba del soldado desconocido** conmemora la contribución de los soldados británicos a la I Guerra Mundial, recordando a todos aquellos sin tumba conocida. Está hecha

PLANO: P. 60 **F6**

CONSEJO

Las colas en la abadía de Westminster pueden ser largas; es mejor visitarla por la tarde. Los miércoles de temporada alta cierra más tarde.

Se puede descargar la guía multimedia en el teléfono o la tableta, o usar la audioguía disponible en la entrada, narrada en inglés por Jeremy Irons.

GRZEGORZ_PAKULA/SHUTTERSTOCK ©

FIESTAS PRIVADAS
Una parte del Cellarium, bodega medieval usada por los monjes durante el s. XIV, se puede reservar para fiestas y eventos privados. Tiene aforo para 120 personas.

de mármol belga y contiene tierra de Francia. A la derecha está la **silla de la coronación,** de 700 años de antigüedad y que se ha usado en todas las coronaciones desde 1308 (el día de la coronación, se coloca en el *sacrarium* frente al altar). El coro está flanqueado por sillerías a cada lado, diseñadas en estilo gótico victoriano del s. XIX acorde con la arquitectura de la abadía.

Tras el altar

El altar principal es donde tienen lugar las coronaciones. En el suelo se verá el **pavimento cosmatesco,** un intrincado mosaico de mármol, piedra, cristal y metal. Detrás del altar hay varias tumbas importantes. El **relicario de san Eduardo el Confesor,** fundador de la abadía, está en el centro.

Tanto la **tumba de María I e Isabel I,** donde están enterradas ambas reinas, que lleva la inscripción "Compañeras en el trono y en la tumba, aquí descansan dos hermanas, en la esperanza de una resurrección", como la **tumba de María I de Escocia,** de mármol, se encuentran junto a la entrada de la Capilla Mariana, obra maestra de la arquitectura medieval que contiene la **tumba de Enrique VII** y su esposa.

Lado sur y claustros

En la parte sur de la abadía está el **Poets' Corner,** con las tumbas y monumentos en recuerdo de un centenar de escritores y poetas, entre ellos Charles Dickens, Jane Austen y William Shakespeare. Los claustros lindan con la nave y tienen vistas a un patio con césped *(garth)*. Cada uno tiene una longitud de 30 m y eran usados por los monjes benedictinos para meditar, hacer ejercicio y acceder a los edificios principales. La **sala capitular** es una estructura octagonal donde rezaban los monjes; se accede por el claustro este, pasada la puerta más antigua de Gran Bretaña, construida hacia el 1050. La **cámara de la Píxide,** al lado, es una de las pocas reliquias que quedan de la abadía original, con tesoros, objetos litúrgicos y azulejos del s. XI.

Galerías del Jubileo de Diamante de la Reina

Estas galerías, cerradas al público durante 700 años, se abrieron hace poco, en el 2018. Están casi 16 m por encima del suelo de la abadía y contienen 300 objetos que abarcan un milenio.

Destacan el corsé de Isabel I y la silla de la coronación de María II (no utilizó la silla de coronación original ya que fue coronada al mismo tiempo que Guillermo III).

UNA PAUSA
En el Cellarium Café and Terrace se sirve el té de la tarde, con un toque francés, bebidas calientes y tentempiés. También hay un pequeño puesto de bebidas y tentempiés en The Sanctuary, frente a la puerta oeste de la abadía.

CÓMO VISITARLA GRATIS
Se puede visitar la abadía gratis asistiendo a la misa diaria. Se entra por la Gran Puerta Oeste, pero no se podrá acceder a las tumbas ni a los monumentos.

★ IMPRESCINDIBLE

Trafalgar Square

La plaza más emblemática de la ciudad es el punto de referencia desde el que se miden todas las distancias a Londres. La gestiona la Greater London Authority, y es escenario de importantes eventos. Siempre está llena de visitantes que acuden a ver sus monumentos, una iglesia y las galerías que rodean la plaza.

PLANO: P. 60 **F4**

CONSEJO
Hay que vigilar con las aglomeraciones en esta zona en eventos como el Año Nuevo chino, el Orgullo LGTBIQ+ o el día de San Patricio. Hay que tenerlo en cuenta, porque será más lento moverse por entre la gente.

National Gallery

Esta galería de arte, una de las más importantes del mundo, fue fundada por el Parlamento en 1824. Alberga más de 2300 obras de arte europeo de los ss. XIII-XX, incluidas obras fundamentales de Leonardo da Vinci, Miguel Ángel, Tiziano o Renoir, así como *Los girasoles* de Van Gogh, pintura siempre rodeada de gente en horas punta. El **Ala Sainsbury** (que reabrirá sus puertas en el 2025), en el lado oeste, tiene una imponente colección de cuadros renacentistas, dos autorretratos de Rembrandt (a la edad de 34 y 63 años) y obras del Alto Renacimiento (1500-1600). Se ofrecen visitas guiadas de 1 h para ver todas las obras destacadas.

National Portrait Gallery

La National Portrait Gallery reabrió en 2023 tras tres años de obras, y cuenta con retratos de todos los grandes de la historia y la cultura británica. En 1856 era (supuestamente) la primera galería pública dedicada a los retratos, y hoy alberga unas 250000 obras que van del s. XVI a la actualidad, entre pinturas, fotografías, dibujos, esculturas y caricaturas. Se puede ver el *Retrato Chandos,* que se dice representa a Shakespeare, así como una vasta colección de personajes reales y celebridades actuales, como Ed Sheeran y Anna Wintour.

SERGII FIGURNYI/SHUTTERSTOCK ©

Los monumentos de la plaza

En la plaza se levanta la **Columna de Nelson** (en la foto), de 52 m de altura, dedicada al almirante que murió en 1805 en la batalla de Trafalgar. Cuando se concibió la columna, se decidió que cuatro enormes leones de bronce rodearían su base. El escultor Edwin Landseer se basó en un animal que había muerto en el Zoo de Londres. Tardó tanto que el cadáver se descompuso y algunas partes hubo que improvisarlas: las garras, por ejemplo, están basadas en garras de gato. En 1841 se instalaron dos fuentes para contrarrestar los efectos del calor refractado y limitar el espacio a las manifestaciones. De todos modos, hay una **cabina de policía** en la esquina sureste de la plaza, que es la comisaría de policía más pequeña del país.

UNA PAUSA

En la cripta de St Martin-in-the-Fields hay un pequeño café secreto bajo las bóvedas de ladrillo, con tentempiés baratos y apetitosos.

CIRCUITO A PIE

Lo mejor del West End

En el West End se pueden ver todas las caras de Londres, desde los artistas callejeros y las viejas calles adoquinadas a sus edificios más majestuosos. Esta ruta pasa por las plazas más famosas, atraviesa barrios diversos como el Soho y Chinatown y da la opción de probar comida deliciosa e ir de compras.

INICIO	FINAL	DURACIÓN
Estación de metro Covent Garden	Selfridges	3 km; 1-2 h

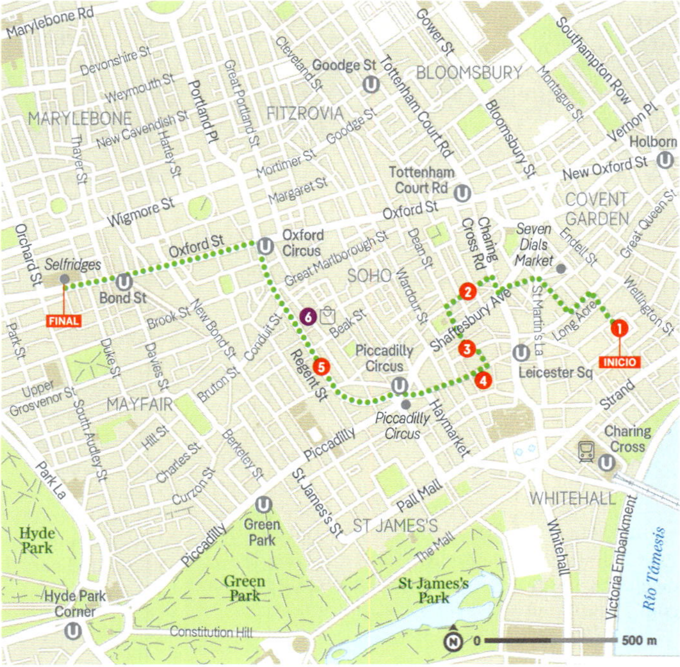

1 El viejo mercado y sus artistas callejeros

Covent Garden Piazza, principal mercado de fruta y verdura en el Londres victoriano, acoge espectáculos callejeros desde la década de 1660. Por sus callejuelas se llegará a **Seven Dials,** con su **mercado,** y una rotonda donde convergen siete calles, antes de pasar a Shaftesbury Ave y adentrarse en el Soho.

2 El barrio del arcoíris

En Old Compton St, el centro del ambiente LGTBIQ+ de Londres, se verán decenas de banderas del arcoíris e innumerables bares y clubes de ambiente. El **Admiral Duncan** (p. 76) es uno de los más antiguos de la zona: en 1999 pusieron una bomba que dejó tres muertos y 83 heridos, y es un recordatorio de la resistencia ante los crímenes de odio.

3 Chinatown

Desde Old Compton St se toma Dean St hacia el sur, donde esperan una colorista decoración con farolillos de vivos colores y los aromas de la cocina oriental. La inconfundible **Puerta de Chinatown,** con sus enormes columnas rojas y sus tejas esmaltadas, marca la entrada al barrio.

4 Leicester Square

Es el lugar de los grandes estrenos de cine, a los que acude la gente con la ilusión de poder ver a algún famoso en la alfombra roja. Al oeste se encuentra la versión londinense de Times Square, **Piccadilly Circus,** con sus anuncios luminosos. Suscita reacciones encontradas, pero desde luego llama la atención.

5 Regent Street

Hacia el noroeste se extiende esta elegante y majestuosa calle flanqueada por edificios neobarrocos. La calle original fue diseñada por John Nash para el príncipe regente. Está atestada de tiendas de marcas internacionales, y en noviembre y diciembre presenta una de las iluminaciones navideñas más espectaculares de la ciudad.

6 El paraíso de los grandes almacenes

Siguiendo por Regent St, dejando atrás las tiendas de marcas británicas de lujo, se llegará al mayor y más antiguo emporio de los juguetes del mundo. **Hamleys** cuenta con seis plantas llenas de juegos y diversión a todos los niveles. Si al llegar a Oxford Circus se va hacia el oeste, se encontrarán tiendas de los grandes de la moda (Chanel, Cartier, Mulberry, Ralph Lauren y Tiffany & Co, etc.), y también **Selfridges,** el segundo comercio más grande del país, con sus majestuosas columnas en el exterior y más de 50 000 m² llenos de artículos de grandes marcas.

EXPERIENCIAS

Curiosear por Covent Garden Piazza
MERCADO Y ZONA COMERCIAL

PLANO: 1 P. 60 **G3**

A diferencia de otros barrios comerciales de Londres, aquí no hay locales de marcas idénticos a los del resto del mundo, e incluso la enorme tienda de Apple ocupa un edificio catalogado de 1877. Pero esa no es la manzana más interesante del lugar: lo mejor es el **Apple Market,** en el centro de la plaza. De martes a domingo, esta plaza se anima con artesanías hechas a mano y objetos que no se encuentran en ningún otro lugar, como llamativas joyas, antigüedades, cuadros, jabones y ropa tejida de apasionados artesanos independientes. Al otro lado de la adoquinada calle se encuentra el **Jubilee Market Hall,** donde los lunes se venden piezas antiguas y de colección. Los comerciantes son profesionales, y se pueden encontrar desde piezas de estilo georgiano a obras de arte. El resto de la semana se venden artículos de todo tipo, incluido recuerdos variados a buen precio.

Tomarse una pinta en el Punch & Judy
PUB

PLANO: 2 P. 60 **G3**

Cuando se organizó el primer espectáculo de marionetas en el corazón de Covent Garden, en el *pub* Punch & Judy, el diarista Samuel Pepys lo documentó: era el 9 de mayo de 1662. Luego se construyó un *pub* que adoptó ese nombre como homenaje, y hasta acogió talleres y almacenes de marionetas en sus plantas superiores. Hoy en día el antiguo *pub* tiene enfrente West Piazza y su mercado, donde nació este tipo de espectáculo, y aunque las marionetas ya no atraen tanto público, el Punch & Judy sigue ofreciendo su comida típica de *pub* y unas fabulosas vistas desde la azotea, desde donde también se pueden ver a los titiriteros de hoy en plena acción.

Descubrir la historia del transporte en Londres
MUSEO

PLANO: 3 P. 60 **G3**

El Tube, los taxis negros y los autobuses rojos son imágenes destacadas de la ciudad, y el **London Transport Museum** permite descubrir su evolución y el impacto que han tenido en la ciudad. Lo mejor de este lugar es que es interactivo, lo que atrae a público de todas las edades. Se empieza con los "omnibuses", carros de caballos que cubrían rutas fijas; se verá cómo se excavaron los túneles del metro (y la expansión del plano del Tube a lo largo del tiempo), y se podrá hacer una foto en un autobús antiguo. También hay excelentes galerías de arte relacionadas con el transporte, una estupenda tienda de regalos y una cantina inspirada en el metro. Se trata de destinos interesantes por sí mismos.

De compras por Bond Street COMPRAS

Bond St es sinónimo de compras de lujo, tanto en **New** (PLANO: P. 60 **B2**) y Old Bond St como en Albemarle St, **Brook St** (PLANO: P. 60 **A3**) y **Dover St** (PLANO: P. 60 **C4**). Quien quiera probarse modelitos (o simplemente mirar con envidia tras el escaparate) encontrará marcas británicas e internacionales como Burberry, Alexander McQueen y Chanel. El local insignia de **Asprey,** la tienda más antigua de la zona, de artículos de lujo, se encuentra en Bruton St. **Garrad,** en Albemarle St, es donde la princesa Diana escogió el anillo de compromiso más famoso de la historia, y la *boutique* de la ex Spice Girl Victoria Beckham está en Dover St. También destacan los grandes almacenes **Fenwick,** la casa de subastas **Sotheby's,** y lujosas *boutiques* de moda como las de Stella McCartney o Vivienne Westwood. Los escaparates son siempre espectaculares.

Descubrir los antiguos tesoros del British Museum MUSEO

PLANO: 4 P. 60 **F1**

El Museo Británico, primer museo nacional del mundo, atrae a seis millones de personas al año. Nació en 1753, como un modesto "gabinete de curiosidades" acumuladas por el médico sir Hans Sloane, que creció gracias a los pillajes del Imperio británico por todo el mundo. Hoy su colección permanente contiene casi ocho millones de piezas, entre ellas la Piedra de Rosetta, que fue fundamental para interpretar el antiguo sistema de escritura egipcia, o tesoros de la antigua civilización asiria, como los colosales toros alados de alabastro de Jorsabad, con cabeza humana, que en su día montaban guardia ante el palacio del rey asirio Sargón II. Luego aparecen las esculturas del Partenón, referentes del arte clásico griego que aún hoy son una referencia artística. La gran colección de momias egipcias incluye la primera que llegó, llamada cariñosamente "Ginger" por su cabello rojizo, conservada gracias a la acción de la arena caliente. Para pasar a las galerías de los romanos se pasa por el rico Tesoro de Mildenhall. Luego vienen el barco funerario anglosajón de Sutton Hoo y el ajedrez medieval de la isla de Lewis.

Explorar la fantasmagórica Aldwych ESTACIÓN DE METRO ABANDONADA

PLANO: 5 P. 60 **H3**

A lo largo de los años, decenas de estaciones de metro han quedado abandonadas o se han trasladado, y la más famosa de ellas es la de Aldwych, en Strand Aldwych. Abrió en 1907 pero nunca tuvo demasiada actividad, y en 1994 se cerró. Luego apareció en alguna película o serie de televisión (como *Sherlock,* con Benedict Cumberbatch; o *Atonement,* con Keira Knightley), pero el público no tuvo acceso a este lugar misterioso hasta que el

'DIM SUM'

Una comida tradicional acompañada de té es música para el estómago de muchos londinenses, por lo que no es extraño que los locales de *dim sum* siempre estén llenos, sobre todo en fin de semana, cuando el Soho empieza a despertar. Entre los locales clásicos más veteranos que ofrecen estas delicias rellenas al vapor están el **Gerrard's Corner** (PLANO: 8 P. 60 **E3**) y el **Golden Phoenix** (PLANO: 9 P. 60 **E3**), genuinos y auténticos, aunque con una decoración poco glamurosa para la moderna clientela del *brunch*, que prefiere unos *shumai* más fotogénicos para las redes sociales y suele ir más allá de la puertas rojas, al **Yauatcha** (Soho; PLANO: 10 P. 60 **D2**) o al **Din Tai Fung** (Covent Garden; PLANO: 11 P. 60 **G3**), que tienen la iluminación perfecta.

London Transport Museum (p. 72) empezó a ofrecer visitas guiadas. Para comprar entradas véase la sección "What's On" en ltmuseum.co.uk.

Encuentro con los famosos de cera en el Madame Tussauds MUSEO DE CERA

PLANO: 6 P. 60 **A1**

Antes de que se convirtiera en una atracción internacional, el Madame Tussauds era un museo de cera independiente del West End. La escultora francesa Marie Tussaud no pudo regresar a su país debido a las Guerras Napoleónicas, así que se puso a viajar por el Reino Unido exhibiendo su colección, que en aquel tiempo era algo muy original. En 1835 la instaló por fin en Baker St. El edificio actual cuenta con tres plantas de figuras de famosos repartidas en diferentes zonas, así como muestras interactivas, un cine Marvel Universe 4D y una Cámara de los Horrores. Ideal para quien quiera hacerse un selfi con Dua Lipa o David Beckham sin demasiado esfuerzo.

Descubrir sabores exóticos más allá de China CHINATOWN

PLANO: 7 P. 60 **E3**

El paisaje de Chinatown cambia constantemente para reflejar las tendencias culinarias contemporáneas, y se pueden encontrar delicias asiáticas que van mucho más allá del pollo *kung pao*. Muchos de los establecimientos más nuevos están en los límites. En Charing Cross Road ha aparecido una gran concentración de locales coreanos, como el **Bunsik,** para satisfacer los antojos de comida callejera con *corn dogs* y pollo frito coreano. El **Pho & Bun,** en Shaftesbury Ave, ofrece todos los clásicos vietnamitas, y el **Nusa Dua,** cocina indonesia para sentirse como en Bali. El **Tokyo Diner** lleva sirviendo cocina japonesa desde mucho antes de que estuviera de moda, hacia 1992. Para comer algo rápido se puede pasar por el **Bao,** localito que sirve esponjosos bollos taiwaneses al vapor rellenos de cerdo, pollo o cordero por unas libras la unidad. Durante el Año Nuevo chino las cintas de color rojo y dorado convierten cualquier atisbo del invierno gris en una fiesta de color. Cada año, en enero o febrero (según el calendario lunar), el territorio chino se llena de desfiles, bailarines de la danza del león, música en directo y puestos de comida callejera.

Asistir a un espectáculo en el Covent Garden

TEATROS

Entre el Strand y Shaftesbury Ave se encuentran tres pesos pesados del teatro de Covent Garden. El **Theatre Royal Drury Lane** (PLANO: 12 P. 60 **G2**) es el teatro más antiguo de Londres aún en activo (se han construido cuatro teatros aquí desde 1663) y ha presentado el *My Fair Lady* de Julie Andrews y *Miss Saigon* durante más de una década. Tal como pasa con muchos teatros históricos, es famoso por sus fantasmas, incluidos los de dos actores involucrados en un asesinato por una peluca. Otros teatros notables son el **Duchess Theatre** (PLANO: 13 P. 60 **G3**), donde se puede ver *The Play That Goes Wrong,* y el **Cambridge Theatre** (PLANO: 14 P. 60 **F2**), en cuyo escenario se representa *Matilda: The Musical* desde el 2011. La **Royal Opera House** (PLANO: 15 P. 60 **G2**) se alza majestuosa en el límite de la plaza desde 1858 y es la sede de la Royal Opera, el Royal Ballet y la Orchestra of the Royal Opera House. Para desternillarse de risa se puede visitar el **Top Secret Comedy Club** (PLANO: 16 P. 60 **G2**) en Drury Lane.

RONNIE SCOTT'S JAZZ CLUB

Este club de *jazz*, inaugurado en 1959, es uno de los más antiguos y famosos del mundo. Por la banda del local han pasado grandes estrellas, como Ernest Ranglin y Stan Tracey, y a su escenario se han subido Ella Fitzgerald, Nina Simone o Jamie Cullum, entre otros. La última actuación en directo de Jimi Hendrix tuvo lugar aquí, en 1970, apenas 48 h antes de su muerte. Se puede tomar un cóctel en el atestado Main Club mientras se escuchan suaves melodías de *jazz* moderno y fusión (mejor comprar las entradas con antelación), pero no hay que perderse el Upstairs at Ronnie's, que es como un bar clandestino de la década de 1950 con un ambiente íntimo y música en directo.

PLANO: 17 P. 60 **E2**

De fiesta con la comunidad del arcoíris

BARES Y CLUBES

Durante siglos, el Soho ha sido el epicentro de la cultura gay de Londres. Entre los ss. XVII y XIX, la zona se ganó una sórdida reputación por ser un lugar donde los hombres iban a buscar sexo con otros hombres; Oscar Wilde fue uno de los arrestados más famosos por "conducta indecente". Con el tiempo, el Soho se transformó en un barrio dinámico donde se hizo visible la diversidad, y ahora es un lugar tan inclusivo que gusta a todo el mundo. La mayoría de locales LGTBIQ+ se encuentran en Old Compton St. El **Admiral Duncan** (PLANO: 18 P. 60 **E2**) es un testimonio de la resiliencia de la comunidad; después de que pusieran una bomba, en 1999, volvió a abrir, con sus banderas bien visibles. Es el *pub* gay más antiguo del Soho y conserva su ambiente tranquilo de barrio. El **G-A-Y** (PLANO: 19 P. 60 **E2**), que nació como club nocturno en un sótano, acabó ganando tal reconocimiento internacional que hoy en día es ya una marca. Las chicas que buscan chicas cuentan con el **She Soho** (PLANO: 20 P. 60 **E2**), el único bar exclusivamente de lesbianas, con espectáculos de *drag-kings* y cabaré.

Un té de la tarde como manda la tradición SALONES DE TÉ

Fue en 1840 cuando la duquesa de Bedford, amiga de la reina Victoria, admitió que necesitaba un pequeño refrigerio para llenar el espacio entre el almuerzo y la cena. Lo que no imaginaba es que el "té de la tarde" se convertiría en un ritual británico. En Mayfair es algo especialmente lujoso. El **Palm Court** (PLANO: 21 P. 60 **C4**), en el Ritz, es el salón de té por excelencia, y habrá que ir vestido para la ocasión. Se puede escoger entre 18 tipos de té, entre ellos el Ritz Royal Blend, y culminar la experiencia con champán de la reserva del Ritz. El **Claridge's** (PLANO: 22 P. 60 **B3**) ofrece una selección de temporada de delicias dulces y saladas y su exquisita mezcla de té. Se sirve en el vestíbulo y "salón de lectura", de inspiración *art déco*. En Park Lane, se puede tomar el té en el lujoso Promenade del **Dorchester's** (PLANO: 23 P. 60 **A4**), acompañado de dulces, obra de un chef repostero muy premiado. En **Fortnum & Mason** (PLANO: 24 P. 60 **D4**) el té se toma en el salón Diamond Jubilee; se dice que los *Scotch eggs* se inventaron aquí en 1738.

Ver cómo se gobierna el país en el Parlamento SEDE DEL GOBIERNO

PLANO: 25 P. 60 **G6**

La Elizabeth Tower, de 1859, es uno de los monumentos más reconocibles del mundo, pero es probable que el viajero la conozca como **Big Ben,** que es el nombre de su campana. Se eleva sobre el **palacio de Westminster,** y desde la primera vez que repicó en 1859, raramente ha parado. Funcionó durante la II Guerra Mundial pese a la devastación que sufrió la ciudad. La vez que el Big Ben ha estado más tiempo silenciado fue hace poco cuando, entre el 2017 y el 2023, estuvo cubierto para una restauración que costó 80 millones de libras y que le devolvió su esplendor original, con su color oro y azul de Prusia. El Parlamento, o palacio de Westminster, está formado por: la Cámara de los Comunes, donde se proponen y debaten nuevas leyes; la Cámara de los Lores, donde se aprueban dichas leyes; y el Salón Westminster, usado para discursos ceremoniales y exhibiciones públicas. Se admiten visitantes –con estrictos controles de seguridad– para hacer una visita guiada o para asistir a debates políticos; no incluyen el acceso al Big Ben.

Visita a la Tate original

GALERÍA DE ARTE

PLANO: 26 P. 60 **F6**

Su hermana, la Tate Modern, es la más conocida, pero la **Tate Britain** llegó antes, y cuenta con una gran colección de obras británicas desde 1500 a la actualidad. El impresionante edificio de piedra de Portland, en Millbank, alberga obras maestras de artistas como David Hockney, Thomas Gainsborough, John Constable y Lucian Freud. No hay que perderse la Clore Gallery, dedicada a la obra de J. M. W. Turner. Es la exposición gratuita más extensa del mundo de cuadros del pintor que da nombre al Premio Turner, el galardón de arte contemporáneo más prestigioso de Gran Bretaña.

DÓNDE VER 'DRAGS'

La *drag queen* Glitzy von Jagger, o Darren James en la vida real, (@glitzyvonjagger), hace estas sugerencias para quien quiera ver espectáculos *drag* en el West End:

Proud Embankment

PLANO: 27 P. 60 **H3**

Mi hermana, Miss Demeanour, dirige este *brunch drag* con cabaré junto al río. Las actuaciones son espectaculares.

Halfway to Heaven

PLANO: 28 P. 60 **F4**

Los lunes, en este pequeño sótano junto a Trafalgar Sq brillan las lentejuelas, con espectáculos de *drags* de gran talento.

Phoenix Arts Club

PLANO: 29 P. 60 **E2**

Me encanta el ambiente *drag* de este local. Michael Twaits es la cabeza de cartel. Su *Total Eclipse of the Heart* tiene más colorines que la Navidad.

Viaje bajo tierra a las Churchill War Rooms

BÚNKER SUBTERRÁNEO

PLANO: 30 P. 60 **F6**

Las Churchill War Rooms fueron el cuartel general subterráneo donde se refugió el primer ministro Winston Churchill y su gobierno durante los bombardeos de la II Guerra Mundial. Aquí el gabinete comía, dormía y planeaba la caída de Hitler, creyendo estar a salvo de las bombas de la Luftwaffe, aunque lo cierto es que los bloques de cemento de 3 m de grosor no habrían podido resistir el impacto de una bomba de 225 kg. Aún pueden verse las salas de guerra donde el gabinete tomó importantes decisiones para la historia, la sala de mapas que sirvió como centro de operaciones, e incluso el dormitorio del primer ministro en tiempos de guerra. La visita incluye un museo dedicado a la vida y el legado de Churchill.

La clásica foto de la puerta de la casa del primer ministro

RÉPLICA DE UN LUGAR EMBLEMÁTICO

PLANO: 31 P. 60 **F5**

El **nº 10 de Downing Street,** sede oficial de los líderes británicos desde 1735, es también la residencia del primer ministro en Londres. Robert Walpole, Winston Churchill, Margaret Thatcher y Boris Johnson se han dirigido a la nación desde delante de la famosa puerta negra. La calle está acordonada por una puerta de acero, por lo que es difícil ver nada. Pero los turistas pueden ver una réplica del nº 10 de Downing St en el nº 10 de Adam St, a 15 min a pie, un lugar muy popular para hacerse una foto de recuerdo. ¡Son prácticamente idénticas!

Visita al 100 Club, un referente 'underground'

MÚSICA ALTERNATIVA

PLANO: 32 P. 60 **D1**

Las grandes tiendas de marca de Oxford St no han conseguido desplazar al malo de la clase. El 100 Club, en el sótano de 100 Oxford St, lleva ofreciendo música en directo desde 1942. Fue construido como espacio seguro para los músicos de *jazz* en un momento de frecuentes ataques aéreos. En 1976 acogió el primer festival internacional punk, con los Sex Pistols, The Clash y The Jam. Los Rolling Stones fueron cabeza de cartel en varias ocasiones en la década de 1980. Ofrece actuaciones de bandas de *rock and roll* conocidas y emergentes, y en ocasiones espectáculos de humor.

Respirar aire fresco en un parque real

ESPACIOS VERDES

En la esquina suroeste del West End hay dos parques reales de acceso gratuito, magníficamente cuidados. El **St James's Park** (PLANO: 33 P. 60 **E5**), con una ubicación privilegiada frente al palacio de Buckingham, (p. 62), tiene 23 Ha de jardines con monumentos y fuentes en los que viven diversas especies de aves. En primavera es especialmente bonito ver a los polluelos jugar y explotar los parterres con flores, y el St James's Cafe siempre está cerca en caso de lluvia. En **Green Park** (PLANO: 34 P. 60 **C5**), por el contrario, no hay parterres de flores. Cuenta la leyenda que, en el s. XVII, la reina Catalina de Braganza, esposa de Carlos II, los prohibió tras pillar a su esposo arrancando flores para otra mujer. Aunque sí crecen narcisos amarillos. Se puede alquilar una tumbona los meses cálidos, pedalear por los carriles-bici o traerse el pícnic.

Concederse un momento para el relax en el AIRE SPA

PLANO: 35 P. 60 **G4**

El AIRE es uno de los numerosos *spas* de Londres ocultos bajo tierra, un lugar para descansar y rejuvenecer, con baños a diferentes temperaturas, masajes y otros tratamientos. No hay que perderse el burbujeante baño de los 1000 chorros, o el Floatarium, un baño con un agua tan salada que se flota. Ambos están incluidos en el precio de la entrada.

Una ruta mágica por el West End UNIVERSO HARRY POTTER

Hace más de 25 años desde que se publicó el primer libro de Harry Potter, y decir que ha sido un fenómeno es quedarse corto. Su mágico universo es hoy una cultura en sí misma y los lugares del West End dedicados a la magia siguen teniendo un éxito imparable. La estrella es, sin duda, *Harry Potter and the Cursed Child,* obra en dos partes representada en el **Palace Theatre** (PLANO: 36 P. 60 **E2**), basada en una historia original coescrita por J. K. Rowling y ambientada 19 años después de los acontecimientos del final del libro. Desde su estreno en el 2016, ha obtenido numerosos premios y recibido un amplio reconocimiento por sus juegos de magia e ilusionismo. Entre uno y otro espectáculo se puede visitar la **House of MinaLima** (PLANO: 37 P. 60 **D2**), una tienda-galería con ilustraciones exclusivas, libros ilustrados y atrezo de las películas, o la **House of Spells,** tienda de fantasía menos conocida en Charing Cross Rd. Para recobrar fuerzas se puede pasar por el **Wands and Wizard Exploratorium** (PLANO: 38 P. 60 **E2**), en Greek St, para disfrutar de un té o un cóctel en una experiencia inmersiva con la varita mágica en la mano.

Una noche de cine retro en el Prince Charles Cinema CINE

PLANO: 39 P. 60 **E3**

En Leicester Place, junto a Leicester Sq, está el Prince Charles Cinema, el único cine independiente del West End. En la década

CIRCUITOS EN TAXI NEGRO PARA 'MUGGLES'

Para ver los lugares relacionados con Harry Potter no hay más que subirse a un clásico *cab.* Estos taxis emblemáticos, que aparecen en las películas, aceptan hasta cinco *muggles,* y pasan por Great Scotland Yard, Leadenhall Market y el andén 9¾. Black Taxi Tour London, Black Cab Tours of London y GetYourGuide son algunas de las empresas que ofrecen estas experiencias, pero no sale barato (175 a 400 £).

de 1970, era un cine de películas eróticas, pero hoy es una sala de culto, con entradas a precios bastante más bajos que sus vecinos. Las proyecciones habituales de *Sonrisas y lágrimas* y *The Rocky Horror Picture Show,* durante las que se puede cantar las canciones, siempre son un éxito. También se ofrecen temporadas de películas con músicas pegadizas como *Spiceworld* o *El gran showman*.

Contemplar los carteles de Piccadilly Circus LUGAR EMBLEMÁTICO

PLANO: 40 P. 60 E3

Habrá megalópolis más modernas con carteles LED mucho más grandes, pero **Piccadilly Circus** siempre será un referente. Sus luces llevan encendidas desde 1908, y solo se han apagado en contadas ocasiones, como los funerales de Winston Churchill y Diana de Gales, o durante la II Guerra Mundial. En el 2017 una reforma unió las vallas publicitarias independientes en una única y enorme pantalla de alta definición para múltiples anunciantes, o para un único anuncio de marcas que pagan pequeñas fortunas para atraer las miradas. Y es que por aquí pasan cada año unos 100 millones de peatones de camino a Regent St, St James' St, Shaftesbury Ave, Piccadilly y Coventry St. Si se tiene tiempo, se puede hacer una pausa bajo la estatua de Eros, oficialmente la Fuente Conmemorativa de Shaftesbury, construida en 1893 en honor al filántropo lord Shaftesbury.

Una plaza por donde han pasado grandes iconos de Hollywood PLAZA PÚBLICA

PLANO: 41 P. 60 E3

Los cines de **Leicester Square** ponen la alfombra roja para los estrenos. Por aquí han pasado todas las estrellas de cine, desde Audrey Hepburn a Daniel Craig. Las entradas para los estrenos están reservadas para gente de la industria, famosos y prensa, pero los fans pueden verlo tras las vallas (llegando pronto y tomando sitio junto a los *paparazzi*). Fuera de estos eventos, los cines de la plaza están abiertos al público, pero los precios son altos. Se puede ver un éxito de taquilla en el Odeon, un clásico de 1937; en el Odeon Luxe, más nuevo; en The Vue, el primer cine de Europa en 3D; o en The Empire, inaugurado en 1962 y, en su día, el cine más grande de la plaza.

EL OFF WEST END

Shaftesbury Ave es el centro de referencia del teatro, pero también hay una gran oferta en Covent Garden y The Strand. Fuera del West End se encontrarán producciones menores y talentos locales, por ejemplo en el Hackney Empire (este de Londres) o el Lyric Hammersmith (oeste de Londres).

Ver una obra en Theatreland BARRIO DE LOS TEATROS

Muchos consideran el West End la capital mundial del teatro, y varios de sus teatros son famosos por sí mismos. En realidad el barrio donde se concentran es conocido como Theatreland, atravesada por Shaftesbury Ave, donde se representan obras clásicas, algunas con más de un siglo de historia, desde Piccadilly Circus hasta Bloomsbury. Aquí se encuentra el **Sondheim Theatre** (PLANO: 42 P. 60 **E3**), donde se puede ver **Les Misérables** (que debutó en el West End en 1985); el **Shaftesbury Theatre** (PLANO: 43 P. 60 **F1**), el teatro independiente más grande del West End –en el 2023 estrenó **Mrs Doubtfire**–; y el **Lyric Theatre** (PLANO: 44 P. 60 **E3**), el **Apollo Theatre** (PLANO: 45 P. 60 **E3**) y el **Gielgud Theatre** (PLANO: 46 P. 60 **E3**), donde es fácil encontrar musicales famosos y obras premiadas. Detrás, en Denman St, está el **Piccadilly Theatre** (PLANO: 47 P. 60 **D3**), donde se representa **Moulin Rouge! The Musical,** basado en la película del 2001, no en el clásico cabaré de París.

Revolver cajas buscando discos en el Soho TIENDAS DE DISCOS

Con la gran oferta de *jazz* y *blues* que hay en el Soho, y una comunidad *queer* amante de la buena música, es normal que haya tantas tiendas de discos en el barrio. **Sounds of the Universe** (PLANO: 48 P. 60 **D2**) empezó como puesto en el mercado de Camden, pero ahora es un local con una enorme colección de *soul* y *jazz*. **Phonica Records** (PLANO: 49 P. 60 **D2**), en Poland St, está especializado en música electrónica y *dance*, mientras que **Rough Trade Soho** (PLANO: 50 P. 60 **D2**) cuenta con una enorme oferta de música clásica y contemporánea. A veces hay firmas de discos y actuaciones en los propios locales.

Ver la impresionante colección de John Soane MUSEO

PLANO: 51 P. 60 **H1**

La extraordinaria casa del arquitecto británico sir John Soane (1753-1837), diseñador del edificio del Bank of England, se ha convertido en el **Sir John Soane's Museum,** con una de las colecciones más ricas y excéntricas de la ciudad. Soane era un coleccionista empedernido que consiguió reunir más de 40 000 piezas en sus viajes por todo el mundo, en especial de la Antigua Roma, Paestum y Pompeya. El museo fue creado por Soane mediante asamblea en 1833, y estipuló que, tras su muerte, la casa y la colección no se podían alterar. Para asegurarse, hizo que sus alumnos (también era profesor de Arquitectura en la Royal Academy) trazaran planos de su propiedad. Aunque es un espacio pequeño, alberga una gran cantidad de objetos, como antigüedades, muebles, esculturas, maquetas arquitectónicas y cuadros. Se pueden ver obras de Turner, Canaletto y Piranesi, dos series de cuadros de William Hogarth y el sarcófago egipcio de Seti I.

Una noche de alfombra roja en el London Palladium CONCIERTO

PLANO: 52 P. 60 **C2**

El London Palladium es una leyenda histórica y el escenario de variedades más famoso de la ciudad. Desde 1955, acogió el programa de la cadena británica *ITV Sunday Night at the London Palladium* durante 12 años. El publicista de los Beatles afirmó que la Beatlemanía despegó tras la primera aparición del cuarteto de Liverpool en ese programa. Más recientemente, fue escenario de la vuelta de la cantante Adele, con el álbum *30,* en el 2021. También ostenta el récord de ser el lugar donde más Royal Variety Shows se han celebrado, y cada año ofrece un especial plagado de estrellas. Actualmente es propiedad de Andrew Lloyd Webber, y acoge éxitos como *El mago de Oz, Sonrisas y lágrimas* o *Sister Act, the musical.* Una velada aquí es siempre una ocasión especial.

Visitar la mayor plaza pública de Londres PARQUE

PLANO: 53 P. 60 **H1**

Frente al Sloan's Museum (p. 81) está la mayor plaza pública de Londres, **Lincoln's Inn Fields,** originalmente usada para las ejecuciones públicas: Anthony Babington, condenado por planear el asesinato de Isabel I, fue ahorcado aquí. Igual que lord Russell, detenido por el complot de Rye House, un plan para asesinar al rey Carlos II y su heredero, y ejecutado cerca del actual quiosco de música. Hoy en día es un lugar mucho más apacible, con césped, árboles y una pista de tenis pública, así como diversos monumentos, incluidas varias fuentes decorativas de agua potable y una gran escultura dedicada a la esposa del primer ministro laborista.

Lo mejor para...

£ Económico ££ Medio £££ Alto

Localizaciones en el plano de la **p. 60**

Comer

Alta cocina europea

The Wolseley £££
54 C4
Elegante cocina europea moderna y té de la tarde en un glamuroso espacio *art déco. 7.00-23.00 lu-vi, 8.00-23.00 sa y do*

L'Atelier Robuchon £££
55 C4
Este tributo al chef más reconocido por Michelin ofrece alta cocina francesa y un espléndido carrito de champán. *12.00-24.00*

34 Mayfair £££
56 C4
Restaurante especializado en platos de caza ingleses y carnes del mundo, con un bar excelente. *12.00-23.00 lu-vi*

Alta cocina asiática

Sushi Kanesaka £££
57 A4
Exclusivo *omakase* japonés para 13 comensales que sirve *sushi* al estilo *edomae. 18.00-22.30 ma-sa*

Amazonico £££
58 C3
El ambiente de selva tropical y la lubina chilena transportan a Sudamérica con toques de Japón. *12.00-1.00 lu-vi, 12.00-24.00 sa y do*

Benares £££
59 B3
Otro de los locales con estrella Michelin de Mayfair. Refinada cocina india elaborada con técnicas británicas. *12.00-14.30 y 17.30-22.30 lu-sa, 18.00-21.30 do*

Entornos especiales

Rules £££
60 G3
El restaurante más antiguo de Londres, con una coctelería arriba. Un bonito lugar para una cena elegante. *12.00-22.30 ma-do*

Clos Maggiore £££
61 F3
Restaurante francés decorado con una borrachera de flores. *12.00-14.00 y 17.00-22.30 lu-do*

Mariage Frères ££
62 G3
Museo del té y salón-restaurante en una alta casa georgiana de King St. *10.30-19.30*

Sketch £££
63 C3
Con un comedor muy original y váteres muy fotogénicos (con unas cápsulas en forma de huevo, retro y futuristas a la vez). *8.00-12.00 do-ju, 8.00-14.00 vi y sa*

Tentempiés a buen precio

C&R Cafe £
64 E3
Restaurante informal de Chinatown que sirve abundantes salteados de Malasia, *laksa* y *satay* a buenos precios. *12.00-22.00*

Pizza Pilgrims £
65 E2
En esta pizzería de Dean St se puede tomar una *pizza* de calidad y una bebida por menos de 15 £. *11.30-22.00*

Yalla Yalla £
66 D1
Comida callejera al estilo Beirut, con platos del día

a muy buen precio para almorzar. *12.00-22.00*

Avocado Show £
67 C2
Restaurante de Princes St dedicado al aguacate: desde "patatas fritas" de aguacate o hamburguesas de aguacate a helado de aguacate. *9.00-20.00*

Cenas románticas

Kapara ££
68 E2
Ideal para una cena íntima al aire libre, escondido en James' Court. El interior es como una fantasía al estilo Tel Aviv, con platos de cocina israelí. *12.00-1.00 lu-sa, 11.00-23.30 do*

Brasserie Zédel £££
69 D3
Romanticismo parisino en un glamuroso restaurante con ambiente de *brasserie* clásica, en un edificio de Piccadilly de la década de 1930. *12.00-23.00 lu-sa, 12.00-23.30 do*

Holborn Dining Room £££
70 H1
Para relajarse y disfrutar de una tarta casera bajo las lámparas de araña del comedor. La entrada está bajo los elegantes arcos del Rosewood Hotel London. *7.00-22.00*

Beber

Ambiente relajado

10 Cases
71 F2
Este bar de vinos en Endell St solo encarga 10 cajas de vino cada vez, así que siempre hay cosas nuevas que probar. *12.00-22.00*

Freud Bar
72 F2
Bodega en un sótano que sirve cócteles acompañados de música suave desde 1986. *12.00-24.00 lu-vi, 12.00-2.00 ju-sa, 16.30-24.00 do*

Coctelerías

Artesian
73 C1
Para los más entendidos, en un elegante local del Langham Hotel. Sus cócteles creativos han recibido galardones. *16.00-24.00 do-mi, 16.00-1.00 vi y sa*

Mr Fogg's Tavern
74 F3
Esta coctelería de Dean St sumerge a los clientes en una colección victoriana de tesoros de todo el mundo, con bebidas diseñadas para reflejar sus historias. *17.00-24.00 lu-mi, 16.00-24.00 ju y vi, 14.00-24.00 sa, 14.00-23.00 do*

Ambiente LGTBIQ+

Halfway to Heaven
véase 28 F4
Sótano junto a Trafalgar Sq con unos lunes de *drag* en los que brillan las lentejuelas. *12.00-23.00 lu-ju, 12.00-1.00 vi y sa, 12.00-20.00 do*

Yard Bar
75 E3
Local de público mixto con un patio iluminado con luces sugerentes para poder charlar antes de soltarse el pelo. *15.00-23.00 lu-ju, 12.00-24.00 vi y sa, 12.00-22.30 do*

Compton's of Soho
76 E3
Bar gay histórico, popular para la primera copa antes de ir a bailar. *12.00-23.30 lu-ju, 12.00-24.00 vi y sa, 12.00-22.30 do*

Vistas

Radio Rooftop Bar
77 H3
Local elegante pero informal en la 10ª planta del hotel ME, con vistas del Strand. *7.00-24.00*

10 Degrees Sky Bar
78 A5
Coctelería en la 28ª planta del Hilton con estupendas vistas de

Hyde Park y Mayfair. *11.30-24.00 do-ma, 11.30-1.00 ju-sa*

Pistas de baile

Ku Bar

79 E3

Moderna discoteca de luces tenues para darlo todo en Chinatown. *12.00-24.00*

Freedom

80 E2

La discoteca de este estiloso bar, en la planta inferior, dispone de dos barras de baile para quien quiera lucirse. *16.00-3.00 lu-ju, 14.00-3.00 vi y sa, 16.00-22.30 do*

Village Soho

81 E3

El ambiente tranquilo de la tarde da paso a la música de baile y a unos bailarines atractivos y sensuales que encienden la pista. *16.00-1.00 lu-ju, 16.00-3.00 vi y sa, 16.00-23.30 do*

Música

PizzaExpress Jazz Club

82 E2

Local de *jazz* del Soho donde sirven cócteles desde 1976. Por aquí han pasado Amy Winehouse, Sting y Charlie Watts. *12.00-23.00 sa y do, 19.00-23.00 lu-vi*

Cahoots

83 D3

Música *vintage* en directo y cócteles servidos en llamativas copas, en una fotogénica estación de la década de 1940 con un vagón de metro y taquillas. *16.00-1.00 do-ju, 15.00-2.00 vi, 13.00-2.00 sa*

Comprar

Grandes almacenes

Liberty

84 C2

En este edificio de falso estilo Tudor se encontrará moda para todo tipo de público, cosmética y artículos para la casa, especialmente de marcas británicas. *10.00-20.00 lu-sa, 12.00-18.00 do*

Fortnum & Mason

véase 24 D4

La conexión de esta tienda con la familia real data de 1707. Tiene una decoración espléndida, fantásticos artículos de regalo, y los empleados visten de frac. *10.00-20.00 lu-sa, 12.00-18.00 do*

Libros

Daunt Books

85 A1

Librería eduardiana con largas estanterías de roble y luminosas claraboyas, decorada con grabados del artista William Morris. *8.00-19.30 lu-vi, 10.00-18.00 sa, 11.00-17.00 do*

Gay's the Word

86 F1

La librería LGTBIQ+ más antigua del Reino Unido, con libros que no se encuentran en muchas otras tiendas. *11.00-18.00 lu-mi, vi y sa, hasta las 15.30 ju, 13.00-18.00 do*

Sugerencias de lugares para comer, beber y comprar en **p. 100**

Explora Greenwich Park y sur de Londres

El sur de Londres concentra numerosas atracciones y comunidades muy diversas. Greenwich cuenta con una rica historia marítima, un animado mercado, majestuosos espacios verdes y *pubs* junto al río. Brixton tiene vínculos con el Caribe desde la llegada de inmigrantes tras las dos guerras mundiales. Más recientemente han ido apareciendo bares de moda y locales con cocinas diversas. Peckham ha recibido mucha población africana a partir de la década 1970 y es ideal para disfrutar de cocina nigeriana de primera. La comunidad asiática de Tooting hace que Brick Lane sea un gran destino para comer curri.

Cómo desplazarse

Metro y DLR

Con el metro y el DLR se puede llegar a todas las atracciones. Los barrios del sur no están muy bien comunicados entre sí; quizá haya que volver a pasar por el centro.

Autobús

No es caro, pero desde el centro se tarda bastante. Sin embargo, suele ser la mejor solución para moverse entre barrios del sur de Londres.

Barco y teleférico

Sin duda la forma más divertida de llegar. Hay barcos desde el centro de Londres a Greenwich, y el teleférico pasa por encima del río Támesis, desde los Royal Docks hasta el O2 Arena.

Imperial War Museum (p. 96).
TADEUSZ IBROM/SHUTTERSTOCK ©

LO MEJOR

Explorar el **BRIXTON VILLAGE & MARKET ROW** (p. 95), un centro cultural muy diverso.

Admirar las vistas de Canary Wharf y la Línea del Meridiano desde **GREENWICH PARK** (p. 94).

Adentrarse en los conflictos históricos en el **IMPERIAL WAR MUSEUM** (p. 96).

Subirse al histórico *clipper* **'CUTTY SARK'** (p. 90).

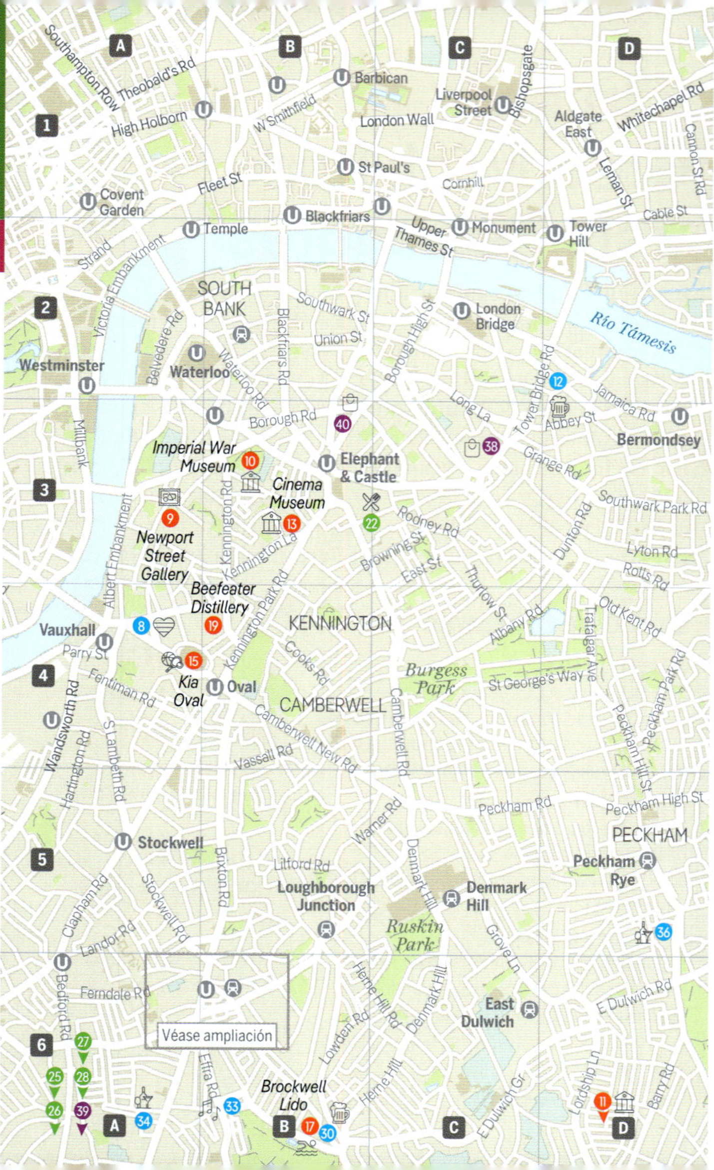
A
B
C
D
1
2
3
4
5
6
Southampton Row
Theobald's Rd
High Holborn
W Smithfield
Barbican
London Wall
Liverpool Street
Bishopsgate
Aldgate East
Whitechapel Rd
Cannon St Rd
St Paul's
Leman St
Covent Garden
Fleet St
Cornhill
Blackfriars
Upper Thames St
Monument
Tower Hill
Cable St
Temple
Strand
Victoria Embankment
SOUTH BANK
Southwark St
Union St
Blackfriars Rd
Borough High St
London Bridge
Río Támesis
Westminster
Belvedere Rd
Waterloo
Waterloo Rd
Tower Bridge Rd
Jamaica Rd
Long La
Abbey St
Bermondsey
Borough Rd
Millbank
Imperial War Museum
Elephant & Castle
Grange Rd
Cinema Museum
Southwark Park Rd
Kennington Rd
Kennington La
Rodney Rd
Dunton Rd
Lyton Rd
Newport Street Gallery
Browning St
East St
Rolls Rd
Albert Embankment
Beefeater Distillery
Kennington Park Rd
Thurlow St
Old Kent Rd
KENNINGTON
Albany Rd
Trafalgar Ave
Vauxhall
Parry St
Cooks Rd
Burgess Park
St George's Way
Peckham Park Rd
Fentiman Rd
Kia Oval
Oval
CAMBERWELL
Camberwell New Rd
Camberwell Rd
Peckham Hill St
Wandsworth Rd
Hartington Rd
S Lambeth Rd
Vassall Rd
Peckham Rd
Peckham High St
PECKHAM
Warner Rd
Stockwell
Brixton Rd
Litford Rd
Denmark Hill
Peckham Rye
Loughborough Junction
Clapham Rd
Stockwell Rd
Ruskin Park
Grove Ln
Landor Rd
Ferndale Rd
Bedford Rd
Herne Hill Rd
East Dulwich
E Dulwich Rd
Véase ampliación
Lowden Rd
Effra Rd
Brockwell Lido
Herne Hill
E Dulwich Gr
Lordship Ln
Barry Rd
8
9
10
11
12
13
15
17
19
22
25
26
27
28
30
33
34
36
38
39
40

E
F
G
H
0
200 m
Canterbury Cres
BRIXTON
Gresham Rd
Barrington Rd
Pulross Rd
Brixton Rd
20
Ferndale Rd
Brixton
37
Brixton
35
7
Brixton Village y Market Row
23
21
Brighton Tce
Ritzy Cimema
16
Rushcroft Rd
Saltoun Rd
Somerleyton Rd
32
Acre La
14
Black Cultural Archives
Brixton Hill
Effra Rd
Atlantic Rd
Mervan Rd
Wapping La
Canning Town DLR
1
East India Dock Rd
Lower Lea Crossing
O2 Arena
2
North Greenwich
Blackwall Tunnel Approach
3
Canada Water
Crossharbour DLR
Lower Rd
Surrey Quays
Mudchute DLR
Island Gardens DLR
South Bermondsey
Westferry Rd
29
Painted Hall
Trafalgar Rd
Evelyn St
Cutty Sark
6
5
National Maritime Museum
4
Ilderton Rd
Deptford Church St
New Cross Rd
New Cross
Greenwich High Rd
Royal Observatory
3
2
Greenwich Park
New Cross Rd
Queens Rd (Peckham)
Ranger's House
4
Charlton Way
Lausanne Rd
Lewisham Way
5
Más información
Imprescindible p. 90
Experiencias p. 94
Comer p. 100
Beber p. 100
Comprar p. 101
24
Nunhead
Peckham Rye
6
31
Brockley Rd
Rivoli Ballroom
18
0
2 km
Forest Hill Rd

★ IMPRESCINDIBLE

'Cutty Sark'

Este barco, que realizaba la peligrosa travesía entre China e Inglaterra en el s. XIX, era uno de los más rápidos de su tiempo, y en siete años transportó 4,5 millones de kilos de té. Ahora está varado en Greenwich, y se puede subir para ver sus aparejos, visitar la exposición e incluso trepar por la jarcia.

PLANO: P. 88 **H4**

CONSEJO
Conviene reservar las entradas con tiempo: en el momento de redactar esta guía se regulaban los horarios de entrada para evitar aglomeraciones.

Escanea este código QR para comprar las entradas a las visitas y las actividades en el barco.

Cubiertas

Bajo cubierta se puede ver dónde se almacenaba la carga, y descubrir las duras condiciones de vida y de trabajo de los marineros, algunos de los cuales perdieron la vida durante los viajes. Se puede ver qué comían para cenar (el cerdo salado, la sopa de guisantes y la tarta de patata eran platos habituales, con un montón de agua con lima), y cómo combatían la monotonía: incluso hay un teatro improvisado bajo cubierta. En la cubierta principal tenían cerdos y pollos en jaulas. Los visitantes podrán ponerse al timón, que gobernaba el barco de 963 toneladas por el tormentoso mar, y disfrutar de espléndidas vistas del otro lado del Támesis.

Trepar por la jarcia

Se puede emular a los marineros de hace siglo y medio y trepar por las escaleras de cuerda de la jarcia hasta la plataforma superior, a unos 23 m de altura. A veces eran grumetes de 14 años los que tenían que afrontar la aterradora ascensión, descalzos y sin arneses de seguridad. Los visitantes pueden moverse por la verga inferior apoyando los pies en un cabo, mirando hacia abajo para sentir cómo se dispara la adrenalina. Un cable tendido desde lo alto permite bajar en tirolina hasta la plaza.

IOANNIS LIASIDIS/SHUTTERSTOCK ©

El casco

En el nivel inferior se podrá caminar por debajo del casco de cobre del *Cutty Sark,* viéndolo como lo verían los peces. El casco está chapado en este precioso metal para evitar que los percebes y otros moluscos acabaran penetrando en el barco. Junto a la proa se puede ver una colección de 50 mascarones de madera, uno de los cuales se fijaría a la proa para darle suerte al barco. Hay tallas de personajes variados, desde Cleopatra o Boudica a Abraham Lincoln o Florence Nightingale. El más grande mide 1,5 m de altura. En el 2021 se instaló a la bruja "Nannie" en la proa del *Cutty Sark,* que indica el rumbo con su brazo extendido. El personaje está basado en dibujos de Hercules Linton, que fue quien diseñó el barco.

UNA PAUSA

En el Cutty Sark Café, en la cubierta inferior, se puede tomar algún pastel, sándwiches o un completo té, disfrutando de la vista del enorme casco de cobre del barco.

CIRCUITO A PIE

Greenwich Park y alrededores

Greenwich rebosa encanto, con sus edificios antiguos, su mercado y sus espacios verdes. Aquí nació Enrique VIII, y durante años fue residencia real. Se puede poner un pie a cada lado del Meridiano, disfrutar de las vistas del Londres del pasado y del presente, comprar regalos artísticos e incluso navegar por un estanque en patín.

INICIO	FINAL	DURACIÓN
Estación del DLR Island Gardens	Estación de metro Cutty Sark	3,5 km; 2-4 h

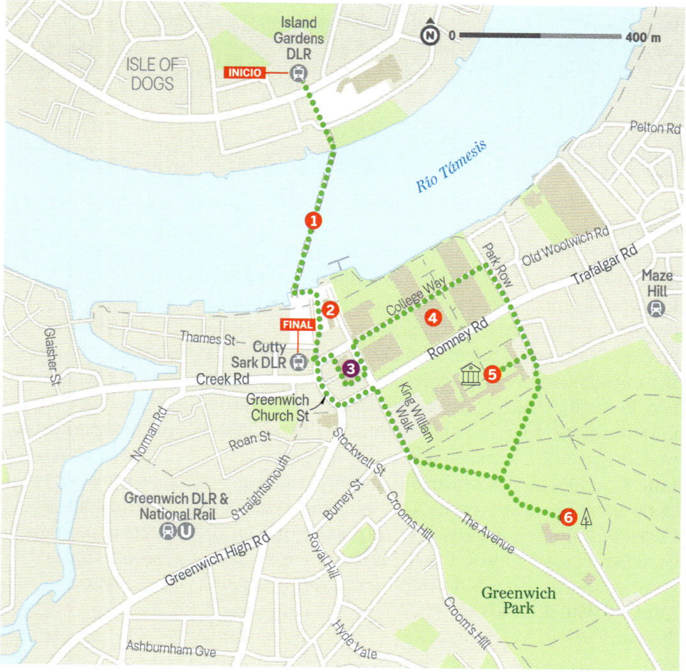

1 Greenwich Foot Tunnel

Durante el paseo hacia el sur desde la estación Island Gardens hasta el Támesis se podrá echar una foto del viejo Greenwich, a lo lejos, antes de sumergirse en el túnel peatonal de 370 m que cruza el río a 15 m por debajo del agua. Tiene solo 2,7 m de anchura y fue excavado a mano, lo que supuso una notable hazaña de ingeniería para 1902. Recorrerlo lleva unos 10 min.

2 'Cutty Sark'

Desde el túnel habrá que subir 100 escalones (o tomar el ascensor) para llegar frente al *Cutty Sark*, un *clipper* de 64 m de eslora construido en 1869. Era uno de los más rápidos de su tiempo, y llevaba té entre China e Inglaterra. Ahora está varado en Greenwich para que los visitantes puedan admirar su grandeza, y subir a bordo con su entrada (comprada con antelación).

3 Greenwich Market

La ruta sigue hacia el sur por Greenwich Church St. En College Approach se gira a la izquierda para llegar al Greenwich Market, donde se pueden comprar regalos únicos, ropa y joyas. También hay puestos de comida callejera del mundo, pero en el **Goddards at Greenwich,** fundado en 1890, sirven el *pie mash and liquor,* especialidad del Londres obrero.

4 Old Royal Naval College

Saliendo del Greenwich Market por el sur, se gira a la izquierda por King William Walk, se cruza la calle y se entra en el imponente complejo del Old Royal Naval College, excelente ejemplo de arquitectura barroca inglesa del s. XVII que ha aparecido en numerosas películas. Si se visita el magnífico **Painted Hall** (se cobra entrada) se podrá ver la "Capilla Sixtina del Reino Unido".

5 Queen's House

Se cruza por College Way para salir de la universidad por el lado este, donde se toma Park Row hacia el sur para pasar por la Queen's House, encargada en 1616 por la reina Ana. Fue el primer edificio clásico del Reino Unido, y cuenta con una romántica pista de hielo que se puede visitar en invierno. Al sur se encuentra Greenwich Park, junto al estanque, que se puede surcar con patines de alquiler en julio y agosto.

6 Greenwich Park

Subiendo por los plácidos prados verdes de Greenwich Park se llega a la **Línea del Meridiano** (longitud 0), usado como referencia para medir el resto de puntos de la Tierra. Desde aquí las vistas son impresionantes, con el Old Royal Naval College abajo y los modernos rascacielos de Canary Wharf a lo lejos, a orillas del imponente río Támesis. Desde aquí se puede seguir hasta la salida noroeste del parque y seguir King William Walk y Greenwich Church St hasta la estación Cutty Sark.

EXPERIENCIAS

Subirse al tejado del O2 Arena PABELLÓN

PLANO: 1 P. 88 **H2**

El colosal O2 Arena se ha convertido en uno de los grandes escenarios del mundo. Tiene capacidad para 20 000 espectadores y ofrece conciertos y otros espectáculos de algunos de los nombres más importantes de la música y el deporte.

Además de sus espacios para eventos, uno de sus principales atractivos es la oportunidad de subir al tejado. La experiencia **Up at the O2** permite subir a lo más alto y disfrutar de unas vistas de 360 grados de Greenwich, Canary Wharf y Olympic Park. Agarrado de los pasamanos, el visitante cruzará el tejado, que rebota ligeramente, acompañado de un guía experto. Se tarda aprox. 1 h en subir y bajar, aunque la experiencia dura un total de 1½ h. Al atardecer y al anochecer es cuando se obtienen las mejores fotos.

Además, el O2 también alberga un complejo comercial con 60 tiendas *outlet,* más de 30 bares y restaurantes, un cine, una bolera y una instalación de paracaidismo *indoor.*

Visitar Greenwich Park, el parque real cercado más antiguo PARQUE

Greenwich Park (PLANO: 2 P. 88 **H4**), uno de los parques con más encanto de Londres, data de tiempos de los romanos. Cuenta con un jardín de rosas, sinuosos senderos, un lago con botes e impresionantes vistas de Canary Wharf desde la colina más alta. En parte lo diseñó André Le Nôtre, paisajista responsable de los jardines de Versalles, y queda atravesado por la Línea del Meridiano (longitud 0), que separa el hemisferio oeste del hemisferio este. Junto a la Línea del Meridiano está el **Royal Observatory** (PLANO: 3 P. 88 **H4**), donde se pueden ver telescopios antiguos y visitar el planetario de la mano de un astrónomo experto. En los confines del parque se alza una elegante villa georgiana de 1723 conocida como **Ranger's House** (que actualmente alberga cientos de obras de arte, y una increíble colección de joyería del Renacimiento español; PLANO: 4 P. 88 **H5**). La villa se puede visitar entre finales de marzo y principios de noviembre. En Croom's Hill hay un cementerio sajón de los ss. VI-VIII.

Adentrarse en la historia marinera británica en el National Maritime Museum MUSEO

PLANO: 5 P. 88 **H4**

El imponente National Maritime Museum, que ocupa lo que era la Greenwich Royal Hospital School (de 1635), presenta tres plantas con una muestra que cubre desde la piratería o el arte marítimo (no hay que perderse el gran óleo de J. M. W. Turner *La batalla de Trafalgar,* de 1824) hasta la figura de lord Nelson y una colección de embarcaciones que incluye desde barcazas a transatlánticos. A los menores de 7 años les encantará la galería infantil AHOY!, un astillero interactivo con muestras a las que encaramarse y con las que jugar.

Contemplar la "Capilla Sixtina del Reino Unido" EDIFICIO HISTÓRICO

PLANO: 6 P. 88 **H4**

El **Painted Hall** del Old Royal Naval College, hoy convertido en campus universitario, se diseñó como elegante comedor para marineros retirados o discapacitados. Se creó en 1726, y en el 2019 se completaron las obras de restauración, que costaron 8,5 millones de libras. Sus fascinantes paredes y techos barrocos alcanzan los 18 m de altura. Las entradas son válidas durante un año, y se pueden usar cuantas veces se desee. Las visitas guiadas al Old Royal Naval College incluyen la visita al Painted Hall. Con las visitas guiadas Blockbuster Film Tours se podrá ver dónde se filmaron *The Crown, Thor: el mundo oscuro* y *Los Miserables.*

Cultura, gastronomía y vida de barrio en los Brixton Village y Market Row MERCADOS

PLANO: 7 P. 88 **F2**

El Brixton Village y el Market Row, que abren a diario, fueron creados en 1937 por el actor Carl Brisson. Con los años, los mercados han ido adaptándose a la comunidad local, cada vez más aburguesada. Pero aún puede comprarse comida e ingredientes jamaicanos, deliciosas empanadas jamaicanas, chiles panameños y bacalao. Estos mercados pretenden conservar el legado de la zona homenajeando la historia de la población negra, actuando como núcleo creativo de apoyo a nuevos talentos de la comunidad. Unos 100 vendedores independientes ofrecen sus productos en bares,

LA ROYAL VAUXHALL TAVERN

Este local inaugurado en 1865 ha sido un lugar de encuentro para la comunidad gay de Londres y se ha convertido en uno de los locales de cabaré y actuaciones más queridos de la ciudad.

Ofrece actuaciones de *drag queens* desde la década de 1950: por aquí han pasado nombres famosos como Paul Grady, también conocido como Lily Savage, en la década de 1980. Incluso la princesa Diana acudió a ver uno de sus espectáculos. Los hay todas las noches.

Durante toda la semana se puede asistir a espectáculos *drag,* comedia y espectáculos de cabaré y *burlesque,* con noches temáticas con talentos locales. Las entradas pueden ser con asiento o de pie, y hay varias sesiones.

PLANO: 8 P. 88 **A4**

cafés, restaurantes y tiendas, cada uno con su historia personal.

Ver la colección de arte de Damien Hirst en la Newport Street Gallery GALERÍA

PLANO: 9 P. 88 **A3**

La magnífica Newport Street Gallery presenta la colección personal de Damien Hirst. Se dice que Hirst es el artista británico vivo más rico del país, y ostenta el récord de recaudación –111 millones de libras– en una subasta de obras de un solo artista. Su galería se extiende por la mitad de Newport St y consta de tres edificios catalogados que fueron originalmente estudios de pintura para la industria del teatro. La más impresionante de las seis galerías tiene el techo a 11 m de altura y está repartida en dos niveles. La colección de Hirst reúne más de 3000 obras de artistas como Banksy, Jeff Koons, Pablo Picasso y Tracey Emin.

Descubrir la historia británica en el Imperial War Museum MUSEO

PLANO: 10 P. 88 **B3**

El Imperial War Museum transporta al visitante al pasado para descubrir el papel del Reino Unido en las guerras y acontecimientos mundiales. El museo, fundado en 1917, pretendía registrar los acontecimientos que tuvieron lugar durante la I Guerra Mundial. Está lleno de recuerdos de civiles y militares, y conmemora los sacrificios que toda la sociedad hizo en tiempos de guerra. Desde el momento en que se entra en el amplio vestíbulo se encontrarán diferentes historias que explorar, todas interesantes.

Las galerías del Holocausto ofrecen una inquietante mirada a las historias de seis millones de judíos que perdieron sus vidas en la II Guerra Mundial. El Imperial War Museum es el primer museo del mundo que incluyó galerías del Holocausto y de la II Guerra Mundial en un mismo espacio, lo que ayuda a entender los traumas de generaciones pasadas y los desafíos que se planteaban. Las galerías de la I y la II Guerra Mundial contienen miles de objetos. El museo abre de 10.00 a 18.00 todos los días, y la entrada es gratis.

Ver animales disecados en los Horniman Museum & Gardens MUSEO

PLANO: 11 P. 88 **D6**

El Horniman Museum, que en su día fue residencia de la familia Horniman, abrió como Surrey House Museum en 1890. En 1901 amplió su actividad y cambió de nombre al heredarlo el congresista liberal Frederick Horniman. Acoge una colección de objetos sobre antropología, historia natural e instrumentos musicales, pero lo más destacado son sus animales disecados, incluida una morsa. Cuenta con más de 350 000 objetos repartidos en tres plantas. En el sótano hay un acuario con peces, ranas y coral, y las plantas superiores albergan colecciones permanentes. En el relajante jardín, de 6,5 Ha, se pueden ver animales y plantas. El museo y el jardín son de acceso gratuito, pero se cobra un suplemento por el acuario y el mariposario, un jardín tropical cubierto en el que viven más de 100 mariposas. Las entradas al mariposario tienen su horario, así que conviene reservar. Los domingos se celebra un mercado de fruta y verdura de proximidad.

Descubrir la historia del cine en el Cinema Museum MUSEO

PLANO: 13 P. 88 **B3**

Esta colección privada de recuerdos de cine, fundada en 1986 por Ronald Grant y Martin Humphries, ocupa un asilo para pobres donde vivió Charlie Chaplin cuando era joven. El museo cuenta con una extensa colección de artículos desde los inicios del cine, a finales del s. XIX, hasta las técnicas cinematográficas actuales. La visita dura 2 h e incluye una película de 30 min sobre el lugar y la historia del cine.

Hay una completa agenda de eventos durante todo el año, con presentaciones de libros, charlas, proyecciones y otras actividades con las que se financia el museo. Cuenta con más de un millón de fotos, y es perfecto para familias. Conviene reservar con antelación, ya que el número de entradas diarias es limitado.

DE CERVEZAS POR LA BERMONDSEY BEER MILE

La **Bermondsey's Beer Mile** en realidad tiene milla y media (2,5 km), y desde que abrió la primera cervecería de la zona, en el 2009, el número de locales ha aumentado. Ahora son 15, para todas las edades. Se puede empezar la visita en el Maltby Street Market, cerca de la estación London Bridge, para disfrutar de la comida callejera antes de empezar la ruta cervecera, que puede incluir paradas en la Southwark Brewing Company, The Barrel Project, London Calling Sweden y muchos otros locales. Antes de ir se puede buscar información en internet, y elegir los locales más interesantes.

PLANO: 12 P. 88 **D2**

Repasar la historia de la comunidad negra en los Black Cultural Archives ARCHIVOS CULTURALES

PLANO: 14 P. 88 **F2**

Los Black Cultural Archives se fundaron en respuesta a acontecimientos como la Ley de Pruebas Policiales y Penales de 1984 y la Masacre de New Cross de 1981. Su objetivo es fortalecer la representación de comunidades africanas y caribeñas dentro del Reino Unido. Con la apertura de los archivos el público puede ver cuál ha sido la presencia negra en el Reino Unido a lo largo de los años, repasando las historias y los logros de la comunidad, para comprender mejor los retos a los que se han enfrentado. El acceso es gratuito, pero es imprescindible reserva con antelación. Se encontrarán exposiciones temporales, un café, programas educativos y una agenda de eventos.

Descubrir la historia del críquet en el Kia Oval

ESTADIO DEPORTIVO

PLANO: 15 P. 88 **A4**

El Kia Oval (o simplemente The Oval), que ocupa parte del antiguo Kennington Common, es uno de los campos de críquet más famosos del mundo y el primero de Inglaterra donde se jugó un partido internacional. Se inauguró en junio de 1724, y tiene un calendario anual de partidos nacionales e internacionales. Así, cada año acoge partidos internacionales, incluido el ansiado Ashes, y partidos internacionales de críquet femenino.

Si se quiere ver el lugar por dentro, se puede hacer una visita guiada, que incluye la famosa Long Room y permite bajar al campo.

Una película en el histórico Ritzy Cinema

CINE

PLANO: 16 P. 88 **F2**

Después de pasar unos días paseando por Londres, no hay nada mejor que descansar los pies disfrutando de una película en un cine centenario. El Ritzy Cinema se inauguró en 1911 con el nombre de Electric Pavilion y fue uno de los primeros de Inglaterra. Ha sido esencial en la vida nocturna de la zona durante décadas, atrayendo tanto a aficionados al cine como a las copas (tiene bares y una cafetería). La cartelera cambia cada semana, e incluye películas de culto, *jam sessions* semanales y proyecciones con turnos de preguntas y respuestas. También cuenta con un restaurante de comida callejera india, el **En Route.**

Chapuzón y comida en el Brockwell Lido

PISCINA EXTERIOR

PLANO: 17 P. 88 **B6**

El Brockwell Lido, popular desde 1937, está en el límite de Brockwell Park, el segundo espacio abierto público más grande de Lambeth. Su piscina de tamaño olímpico está rodeada de una estructura de estilo *art déco* catalogada. También se puede comer algo en el **Lido Café,** con una carta a cargo de los dueños del famoso Four Hundred Rabbits, que incluye platos como los huevos a la portuguesa o la *shakshuka* verde para desayunar, y magníficos platos a la brasa para cenar. O tomar una cerveza artesana o un vino de la cuidada selección de Borough Wines mientras se disfruta de la belleza natural del parque.

Antes o después del baño, vale la pena darse un paseo por el parque. Los domingos entre marzo y octubre los niños pueden subir al tren en miniatura en el extremo de Herne Hill, donde también hay una tienda de regalos. Para las sesiones de baño en el Lido hay que reservar con antelación.

Un viaje al pasado en el Rivoli Ballroom

SALÓN DE EVENTOS RETRO

PLANO: 18 P. 88 **F6**

El Rivoli Ballroom trasciende al tiempo, recordando la glamurosa década de 1950, época en que abrió sus puertas. Este espacio catalogado, decorado con suntuoso terciopelo rojo, arañas de cristal, linternas chinas ornamentadas y papel pintado clásico aterciopelado, ha aparecido en programas como el *Strictly Come Dancing* de la BBC y películas como *Los vengadores*.

Leyendas de la música como Elton John y Tina Turner han actuado en este escenario, que sigue muy activo. Ofrece baile para todos los gustos, desde contagiosos ritmos de noches disco de las décadas de 1970 y 1980 a noches nostálgicas Northern Soul donde suenan tesoros de vinilo de leyendas como Lucienne Cole. El Rouges at the Rivoli, que se celebra una vez al mes, rinde homenaje al ilustre pasado de esta sala de baile.

En Halloween se celebra una noche disco muy popular (conviene reservar con tiempo). Los sábados, los eventos latinos y la sala de baile son una experiencia multigeneracional donde gente mayor baila junto a los jóvenes. En el bar solo aceptan efectivo.

Un brindis en la famosa destilería de la ginebra Beefeater

DESTILERÍA

PLANO: 19 P. 88 **B4**

La visita a esta destilería empieza con una exposición interactiva para conocer la historia de la compañía –la ginebra data de 1820, cuando un farmacéutico, James Burrough, usó sus conocimientos en química para crear la receta– antes de ir a la zona de degustación. La experiencia concluye con una rápida lección para preparar el *gin-tonic* perfecto. Quien quiera ahondar más cuenta con visitas *premium;* el Beefeater Crown Jewel Tour permite examinar los alambiques, aprender más sobre el proceso de destilación y visitar el bar de aire clandestino, donde se ofrecen aperitivos *gourmet,* un *gin-tonic* y una bolsa de regalo con una botella. Hay visitas cuatro veces al día, de miércoles a domingo.

SUGERENCIAS

Lo mejor para...

Localizaciones en el plano de la **p. 88**

£ Económico ££ Medio £££ Alto

Comer

Sabores caribeños y africanos

Z's Northern Ghanaian Cuisine £
20 F1
Trae el sabor del norte de Ghana a Brixton. Lo más popular es el arroz *jollof* con ternera estofada con tomate. *12.00-18.00 ma-vi*

Wood & Water ££
21 F2
Tiene platos británicos con influencias y sabores jamaicanos, como pastel de pescado con *akí*. Es propiedad de una ganadora de Miss Universo Jamaica. *17.00-24.00 ma-vi, 11.00-0.30 sa, 11.00-17.00 do*

Beza Ethiopian Food £
22 B3
Colorido local etíope en Elephant & Castle con 10 guisos veganos diarios y abundante *injera*. *12.00-22.00 ma-sa*

Asado dominical

Trinity Arms ££
23 E2
Pub tradicional de Brixton en el que se puede comer un abundante asado en cualquier momento de la jornada. *12.00-23.00 do-ju, 12.00-24.00 vi y sa*

Old Nun's Head ££
24 E5
Pub de Peckham adecuado para niños, con micrófono abierto y otros eventos. Todos sus asados se pueden pedir sin gluten. *12.00-24.00 lu-ju, 12.00-1.00 vi y sa, 12.00-23.00 do*

The Selkirk ££
25 A6
Gastropub en Tooting con noches de trivia y música en directo. Destacan las berenjenas glaseadas con *harissa* para veganos, y el *wellington* con calabaza, setas y espinacas para vegetarianos. *12.00-23.00 lu-mi, 12.00-24.00 ju-sa, 12.00-22.30 do*

Del sureste asiático

Dosa N Chutney £
26 A6
Restaurante informal con *dosas*, crujientes crepes de garbanzos del sur de Asía, y delicias del sureste asiático. *12.00-22.00*

Lahore Karahi £
27 A6
Modesto restaurante de cocina paquistaní a precios asequibles, siempre lleno de gente del barrio. *10.00-24.00*

Mirch Masala Tooting £
28 A6
Platos de *karahi* bien condimentados en un local con estilo. No sirven alcohol, pero se puede llevar bebida. *12.00-24.00*

Beber

'Pubs'

Cutty Sark Tavern
29 H3
Elegante *pub* georgiano de tres plantas y con vistas del Támesis. *10.00-17.00*

The Florence
30 B6
Pub de estilo tradicional con comida británica. Es la parada perfecta si se está paseando por Brockwell Park: está justo enfrente. *12.00-23.00 lu-ju, 12.00-24.00 vi y sa, 12.00-22.30 do*

Ivy House
31 E6
Pub propiedad de la comunidad con un ambiente de la década de 1930. Los miércoles se organiza un acalorado y divertido concurso de preguntas, los jueves hay humoristas o teatro, y los viernes, conciertos en directo. *12.00-23.00 lu-ju, 12.00-24.00 vi y sa, 12.00-22.30 do*

Música en directo

Blues Kitchen Brixton
32 E2
Restaurante y bar de *blues* con comida estadounidense y música en directo. De noche un DJ pincha hasta el amanecer. *17.00-24.00 lu-ju, 17.00-2.30 vi, 12.00-3.00 sa, 12.00-22.30 do*

Hootananny Brixton
33 B6
Pub y local de música en directo de Brixton donde escuchar música de *roots reggae*, y *afrobeat.* En el *pub* hay billar para jugar antes de los conciertos. *17.00-24.00 do-mi, 17.00-2.00 ju, 17.00-3.00 vi y sa*

Brixton Windmill
34 A6
Local *underground* algo escondido, en Brixton Hill, donde actúan músicos independientes. *18.00-23.00 do-ju, 18.00-1.00 vi y sa*

Cócteles

Hacha
35 F2
Agavería en Brixton con 25 licores a base de agave que usan en sus cócteles. También hacen un Mirror Margarita que es una reinterpretación del clásico. *17.00-23.00 ma-sa*

Funkidory
36 D5
Acogedor bar en Peckham, con cócteles originales y combinados personalizados. A los propietarios les encanta el *funk* y venden vinilos. *17.00-23.00 ma-ju, 17.00-24.00 vi y sa*

Shrub and Shutter
37 G1
Para tomarse una copa en un ambiente íntimo. La carta incluye cócteles creativos como el Island Life, que combina el dulzor del ron y la piña con la sequedad del vino, con un toque de cardamomo y sal. *17.00-23.00 ma y vi, 17.00-24.00 ju, 17.00-1.00 vi y sa*

Comprar

Mercados

Bermondsey Antiques Market
38 C3
Mercado de antigüedades en el lugar que ocupaba la abadía de Bermondsey, ideal para los cazadores de gangas. *6.00-14.00*

Tooting Market
39 A6
Es uno de los dos mercados cubiertos de la zona (junto con el Broadway Market Tooting) y presenta una combinación de tiendas, artículos *vintage* y puestos de comida de todo el mundo. *8.00-23.00 lu-ju, 8.00-24.00 vi-sa, 10.00-23.00 do*

Mercato Metropolitano
40 B3
Una celebración de la vida sostenible e internacional entre las estaciones de metro de Elephant & Castle y Borough. *12.00-23.00 lu-mi, 12.00-24.00 ju, 12.00-1.00 vi, 11.00-1.00 sa, 11.00-22.00 do*

Sugerencias de lugares para comer, beber y comprar en **p. 122**

Explora
St Paul's y la City

El lugar donde nació la ciudad de Londres es donde se conserva su núcleo histórico: aún se pueden encontrar ruinas romanas bajo los modernos rascacielos, entre callejuelas e iglesias construidas por sir Christopher Wren. Su obra maestra, la catedral de St Paul, atrae a multitudes, igual que la Torre de Londres, donde aún resuenan las historias de asesinatos y traiciones por los pasillos que llevan al gran tesoro nacional, las Joyas de la Corona. Estos sitios históricos actualmente compiten con rascacielos como el Cheesegrater y el Walkie Talkie, que ofrecen experiencias únicas en la ciudad. Son pocos los que viven en la City, llena de oficinistas entre semana, pero aparentemente desierta los fines de semana.

Cómo desplazarse

Autobús
Numerosas rutas recorren las calles principales de la City.

Barco
Para llegar disfrutando de las vistas se puede tomar un barco de Thames Clippers, que va del Tower Millennium Pier, junto a la Torre de Londres, al norte de Greenwich, al este, y hasta Putney, al oeste.

Metro
Por la City pasan varias líneas de metro (Tube), y las estaciones de Moorgate, Liverpool St, Fenchurch St, Cannon St, Blackfriars y City Thameslink están conectadas a la red de ferrocarril.

Catedral de St Paul (p. 110).
PICCIA NER/SHUTTERSTOCK ©

★

LO MEJOR

Adentrarse en la historia en busca de los tesoros de la **TORRE DE LONDRES** (p. 106).

Visitar un símbolo de la resiliencia: la **CATEDRAL DE ST PAUL** (p. 110).

Maravillarse ante la arquitectura ultramoderna del **SKY GARDEN** (p. 120).

Disfrutar de una cena de nivel en el **CITY SOCIAL** (p. 122), de inspiración *art déco*.

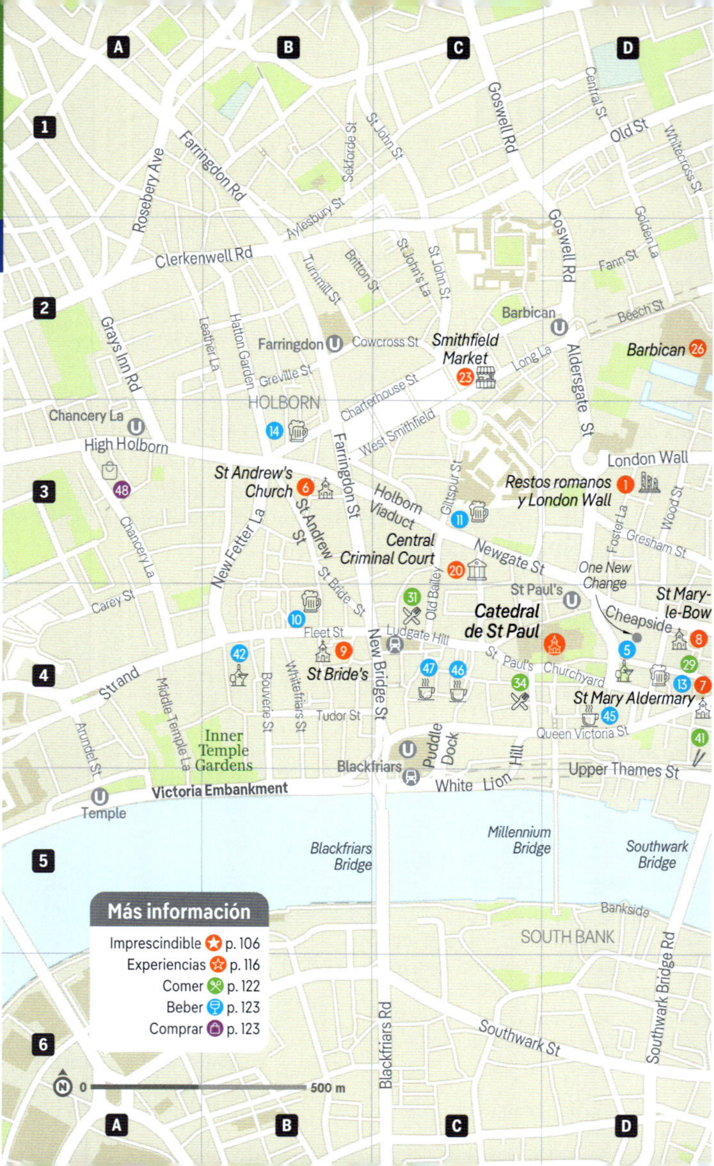
A
B
C
D
1
2
3
4
5
6
Farringdon Rd
Rosebery Ave
Sekforde St
St John St
Goswell Rd
Central St
Old St
Whitecross St
Aylesbury St
Clerkenwell Rd
Turnmill St
Britton St
St John's La
St John St
Goswell Rd
Golden La
Fann St
Beech St
Barbican
Grays Inn Rd
Leather La
Hatton Garden
Farringdon
Cowcross St
Smithfield Market
23
Long La
Aldersgate St
Barbican
26
Greville St
HOLBORN
Charterhouse St
Chancery La
14
West Smithfield
High Holborn
London Wall
St Andrew's Church
6
Farringdon St
Giltspur St
Restos romanos y London Wall
1
48
Holborn Viaduct
11
Wood St
Chancery La
New Fetter La
St Andrew St
Foster La
Gresham St
Central Criminal Court
Newgate St
20
One New Change
St Bride St
Old Bailey
St Paul's
St Mary-le-Bow
Carey St
31
Catedral de St Paul
10
Cheapside
Fleet St
Ludgate Hill
8
42
9
New Bridge St
St Paul's Churchyard
5
St Bride's
47
46
29
Strand
34
13
7
Middle Temple La
Bouverie St
Whitefriars St
St Mary Aldermary
Tudor St
45
Arundel St
Inner Temple Gardens
Queen Victoria St
Puddle Dock
41
Blackfriars
Hill
Upper Thames St
Victoria Embankment
White Lion
Temple
Millennium Bridge
Blackfriars Bridge
Southwark Bridge
Más información
Imprescindible p. 106
Experiencias p. 116
Comer p. 122
Beber p. 123
Comprar p. 123
Bankside
SOUTH BANK
Blackfriars Rd
Southwark St
Southwark Bridge Rd
0
500 m
N

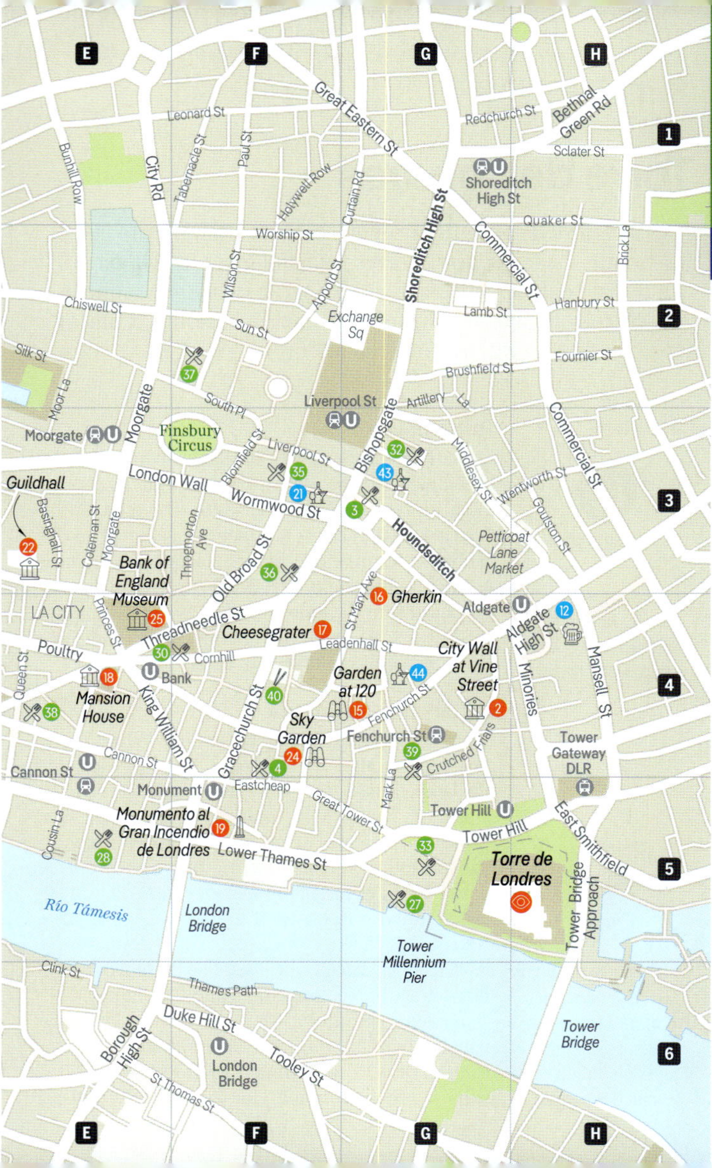
E
F
G
H
1
2
3
4
5
6
Great Eastern St
Leonard St
Redchurch St
Bethnal Green Rd
Sclater St
Bunhill Row
City Rd
Tabernacle St
Paul St
Holywell Row
Curtain Rd
Shoreditch High St
Quaker St
Worship St
Wilson St
Apold St
Commercial St
Brick La
Chiswell St
Exchange Sq
Lamb St
Hanbury St
Sun St
Silk St
Fournier St
Brushfield St
Moor La
South Pl
Liverpool St
Artillery La
Moorgate
Finsbury Circus
Bishopsgate
Liverpool St
Middlesex St
Blomfield St
Guildhall
London Wall
Wormwood St
Wentworth St
Basinghall St
Coleman St
Moorgate
Throgmorton Ave
Old Broad St
Houndsditch
Goulston St
Petticoat Lane Market
Bank of England Museum
LA CITY
Princes St
Threadneedle St
St Mary Axe
Gherkin
Aldgate
Cheesegrater
Leadenhall St
Aldgate High St
Poultry
Cornhill
City Wall at Vine Street
Mansell St
Queen St
Bank
Garden at 120
Minories
Mansion House
King William St
Gracechurch St
Fenchurch St
Sky Garden
Fenchurch St
Tower Gateway DLR
Cannon St
Cannon St
Crutched Friars
Mark La
Monument
Eastcheap
Great Tower St
Tower Hill
East Smithfield
Cousin La
Monumento al Gran Incendio de Londres
Lower Thames St
Tower Hill
Torre de Londres
Tower Bridge Approach
Río Támesis
London Bridge
Tower Millennium Pier
Clink St
Thames Path
Duke Hill St
Tower Bridge
Borough High St
Tooley St
London Bridge
St Thomas St
E
F
G
H

★ IMPRESCINDIBLE

Torre de Londres

Esta fortaleza del s. XI tiene una historia tan sangrienta como fascinante. Comprende 22 torres y en su larga historia ha ejercido de palacio, observatorio, armería, casa de la moneda, zoo, cárcel y lugar de ejecuciones. También custodia el mayor tesoro de Inglaterra, las Joyas de la Corona.

PLANO: P. 104 **H5**

CONSEJO
No conviene llegar muy tarde, ya que se necesitarán 3-4 h para verlo todo.

Escanea este código QR para comprar las entradas y evitar colas; se asignan horas de entrada con 30 min de margen.

Tower Green

Los edificios al oeste y al sur siempre han alojado a funcionarios de la Torre. El piso actual del condestable, en la Queen's House, se construyó en 1540. Pero lo que parece un fragmento casi bucólico de la Torre es en realidad uno de los más sangrientos. Aquí está el Scaffold Site, donde murieron dos de las esposas de Enrique VIII, Ana Bolena y Catalina Howard, así como Robert Devereux, duque de Essex, en su tiempo favorito de Isabel I.

Las Joyas de la Corona

Los Waterloo Barracks, al norte de la White Tower, albergan las Joyas de la Corona, de valor incalculable. Unas filmaciones sobre las joyas y su papel en la historia hacen de introducción a los cetros, orbes y coronas cubiertas de gemas. Desde dos cintas transportadoras se verán, entre otras, la corona de platino de la reina madre Isabel, con el diamante de 106 quilates Koh-i-Noor o "montaña de luz", y el cetro de la Cruz, rematado con el diamante en forma de gota Gran Estrella de África, de 530 quilates (también conocido como Cullinan I). No se pueden fotografiar. Más allá aparecen las piezas principales de la colección: la corona de San Eduardo (1661) y la Corona Imperial del Estado (1937); la primera recibe su nombre de Eduardo el Confesor

y pesa 2,23 kg, y la segunda tiene 2868 diamantes (incluida la Segunda Estrella de África, de 317 quilates, también conocida como Cullinan II), zafiros, esmeraldas, rubíes y perlas: Carlos III llevó ambas en su coronación.

White Tower

La Torre de Londres original, construida en piedra por Guillermo el Conquistador en la década del 1070, es el edificio más antiguo de la ciudad. El nombre actual se debe a que Enrique III la mandó encalar en el s. XIII. Mide solo 27 m, pero en la Edad Media se elevaba por encima de las cabañas de madera que rodeaban las murallas del castillo. Actualmente alberga la Armería Real, una colección de cañones, fusiles y armaduras. Destacan las armaduras de Enrique VIII: la que le hicieron con

CEREMONIA DE LAS LLAVES

Se dice que el cierre de la verja de la Torre, cada noche a las 21.53, es la ceremonia militar más antigua del mundo: se inició hace 700 años. Las entradas se pueden comprar por internet.

UNA PAUSA
En la Torre hay tres cafés, quioscos y puestos temporales de tentempiés y bebidas. El Tower of London Cafe sirve, además, cócteles y cervezas.

24 años, y otra de cuando tenía 50 años y 129 cm de cintura.

Capilla de San Juan Evangelista

Esta austera capilla del s. XI (en la foto) es la parte más antigua de la White Tower; su techo abovedado, las arcadas redondeadas y las 14 columnas de piedra son un ejemplo notable de arquitectura normanda. Se utilizó como registro público nacional, y aquí fue donde Isabel de York, esposa de Enrique VII, yació en capilla ardiente 12 días tras haber fallecido al dar a luz en 1503.

Bloody Tower

Frente a la Traitors' Gate se encuentra la "Torre Sangrienta" (1225), llamada así porque Eduardo V,

JOHN KELLERMAN/ALAMY STOCK PHOTO ©

de 12 años, y su hermano menor Ricardo fueron encarcelados y seguramente asesinados en ella, por lo que no pudieron reclamar el trono. Se culpa de ello a su tío Ricardo III (al menos así lo contó Shakespeare). Una pequeña exposición recrea el estudio del explorador sir Walter Raleigh –que estuvo preso más de una vez–, y una muestra sobre la tortura en la Torre, con réplicas de instrumentos como el potro y la cigüeña.

Palacio Medieval

El complejo del Palacio Medieval tiene tres torres. Se entra por la St Thomas' Tower (construida entre 1275 y 1279), que alberga un salón y una alcoba reconstruidos de la época de Eduardo I. La Wakefield Tower (1220-1240), al lado, fue construida por su padre, Enrique III, y está amueblada con una réplica del trono y otros adornos. Se cree que, durante la guerra de las Dos Rosas, en el s. xv, Enrique VI fue asesinado cuando se arrodilló para rezar en esta torre; una placa en el suelo de la capilla lo recuerda. Hay una muestra sobre tortura en el sótano. La ruta principal prosigue por la Lanthorn Tower (1220-1238), que fue residencia de reinas medievales.

Paseo por las murallas

La inmensa muralla interior de la Torre fue añadida por Enrique III en 1220 para mejorar las defensas del castillo, y hoy permite recorrer los extremos este y norte. Se empieza en la Salt Tower, en el sureste, probablemente construida para almacenar nitrato de potasio para hacer pólvora y, tal como sugiere el texto de la pared, para encerrar a prisioneros como san Enrique Walpole. La ruta sigue por la Broad Arrow Tower y la Constable Tower, con pequeñas muestras sobre armas y sobre la Revuelta de los Campesinos. La Martin Tower, que albergó las Joyas de la Corona, contiene una exposición sobre las joyas originales, algunas de las cuales aún se pueden ver.

LOS BEEFEATERS

Los emblemáticos *Yeomen Warders* (Beefeaters), vestidos con su característico uniforme azul con ribetes rojos, llevan protegiendo la Torre de Londres desde el s. xv. Aunque hoy en día tienen un papel básicamente ceremonial, se les exige 22 años de servicio en las Fuerzas Armadas Británicas para acceder al puesto.

★ IMPRESCINDIBLE

Catedral de St Paul

La obra maestra de sir Christopher Wren, con su cúpula gris, es el edificio más majestuoso de la City. Se construyó entre 1675 y 1710, después de que el Gran Incendio de 1666 destruyera a su predecesora, y fue la primera catedral del mundo con triple cúpula. Se puede subir a la enorme cúpula, que se alza sobre Ludgate Hill.

PLANO: P. 104 **D4**

CONSEJO
Se ofrecen visitas guiadas gratuitas, con varias salidas al día. Hay que reservar plaza en el mostrador.

Escanear este código QR para precios y horarios.

Capilla Interior

En el pasillo norte se encuentra el majestuoso **monumento al Duque de Wellington;** se tardó 54 años en construirlo, y una vez inaugurado tuvieron que darle la vuelta al caballo porque su trasero daba al altar. Bajo la cúpula se encuentra el epitafio en latín escrito para Wren por su hijo, que se traduce como "Lector, si buscas su monumento, mira a tu alrededor". En la capilla del transepto norte se encuentra el cuadro del s. XIX *La luz del mundo,* de William Holman Hunt, que muestra a Jesucristo llamando a una puerta cubierta de enredadera que solo se abre desde dentro. El elemento central de la catedral es el altar mayor y el espectacular coro (o presbiterio), con sus impresionantes techos, sus arcos y sus mosaicos de vivos colores, flanqueado por la elaborada sillería del coro. Cerca del altar está la **American Memorial Chapel,** en recuerdo a los 28 000 estadounidenses destacados en territorio británico que murieron en la II Guerra Mundial.

En el pasillo norte del coro, junto a la escultura abstracta de Henry Moore *Madre e hijo* se encuentra *Mary,* de Bill Viola, vídeo que complementa su

FAZLYEVA KAMILLA/SHUTTERSTOCK ©

conmovedora instalación, en el pasillo sur, llamada *Mártires (Tierra, Aire, Fuego, Agua)*, que representa cuatro figuras dominadas por fuerzas naturales. Volviendo hacia la cúpula central se encuentra una **efigie** del poeta metafísico del s. xvii John Donne, que fue deán de la catedral, la única escultura completa que sobrevivió al Gran Incendio de Londres.

Cúpula

Inspirado por la basílica vaticana de San Pedro, Wren quería construir una cúpula imponente por fuera pero no desproporcionadamente grande por dentro, así que la hizo en tres partes: una cúpula interior enlucida de ladrillo, una cúpula exterior de plomo no estructural y un cono de ladrillo entre medio para sujetarlo todo. En principio quería mosaicos para decorar el interior de la cúpula, pero

UNA PAUSA

El Madison (p. 117) permite comer con vistas a la catedral. Los sábados y domingos hay *brunch* con bebidas sin límite, y los jueves, viernes y sábados por la noche sesiones de DJ en la azotea.

SERVICIOS Y ACTUACIONES DEL CORO
Se puede asistir a misa libremente, pero no se podrá acceder a todas partes. Para oír al famoso coro se puede ir a la misa del domingo o a la oración del Evensong (17.00 lu-sa, 15.00 do).

los sobrios tonos monocromo grises que sir James Thornhill usó para las escenas de la vida de san Pablo se consideraron más acordes con la tradición protestante. Se añadieron mosaicos victorianos entre los arcos y la cúpula que muestran a los cuatro evangelistas, Mateo, Marcos, Lucas y Juan, y los cuatro profetas principales, Isaías, Ezequiel, Daniel y Josué. Hay 528 escalones, divididos en tres tramos, que llevan a las galerías de la catedral; la Galería de los Susurros, a 30 m de altura, donde hasta un susurro se transmite por las paredes; la Galería de Piedra, a 53 m de altura, con su mirador exterior; y en lo alto la Galería Dorada con unas espléndidas vistas de 360 grados de la ciudad.

Catedral de St Paul

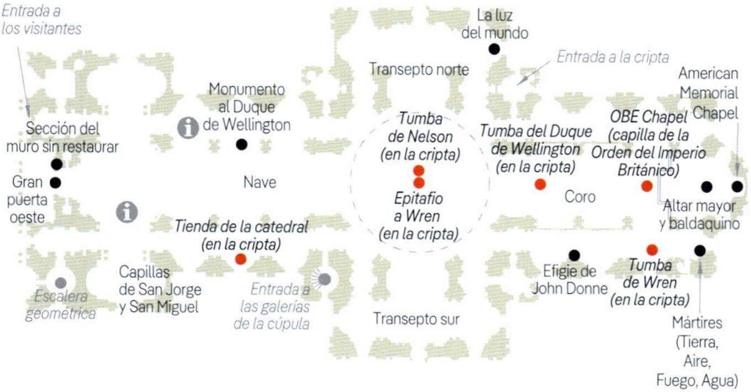

Base y cripta de la catedral.

Cripta

Bajo la catedral está la **OBE Chapel (capilla de la Orden del Imperio Británico),** que recuerda a casi 300 británicos famosos, entre ellos Florence Nightingale y Winston Churchill, y alberga las tumbas del duque de Wellington, Christopher Wren y el pintor J. M. W. Turner. La cafetería, la tienda de recuerdo y los baños también se encuentran en la cripta.

Cementerio y alrededores

Una impresionante estatua de 1886 de la reina Ana, que era regente cuando se construyó St Paul's, adorna los escalones del edificio. Frente a la entrada al transepto norte, que dispone de rampa para facilitar el acceso, se encuentra el **People of London Memorial,** en recuerdo de los muertos y heridos en la II Guerra Mundial.

St Paul's sobrevive

La catedral de St Paul se convirtió en un símbolo de la resiliencia británica durante la II Guerra Mundial a partir de diciembre de 1940, después de que se publicara la ya famosa fotografía con el titular "St Paul's sobrevive" en el *Daily Mail,* mostrando la desafiante silueta de la catedral en un Londres bombardeado durante el Blitz. Consciente del poder simbólico que tendría la supervivencia de la catedral y del impacto que tendría en la moral de la población si quedara destruida, el primer ministro Winston Churchill envió a todos los bomberos de la ciudad a protegerla.

VISITAS AL ATARDECER

En verano se puede visitar St Paul's a última hora, con descuento. Estas entradas dan acceso al nivel principal y a la cripta, al coro, a la escalera geométrica y a las capillas de San Miguel y San Jorge.

CIRCUITO A PIE

Entre puentes emblemáticos

Este itinerario entre dos de los puentes más icónicos de la ciudad ofrece espectaculares vistas, al tiempo que descubre patrimonio oculto junto al río.

INICIO	FINAL	DURACIÓN
Tower Bridge	Millennium Bridge	1,6 km; 30 min-1 h

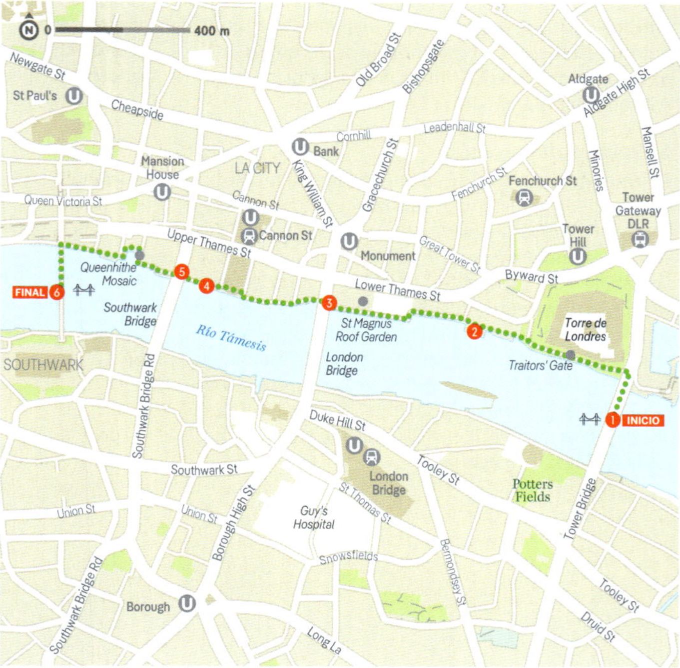

1 Tower Bridge

Tras admirar esta curiosa perspectiva del puente más famoso de Londres, se sigue el tramo adoquinado que pasa junto a la **Torre de Londres,** parando en la **Traitors' Gate** (Puerta de los Traidores), por donde entraban los que traicionaban a la Corona para ser decapitados.

2 Vistas de la orilla sur

Dejando atrás el complejo de Tower Hill se llega al **Sugar Quay Jetty,** que ofrece las mejores vistas del South Bank y del imponente Shard. Hay que estar atentos para no saltarse la siguiente parada: nada más pasar el Old Watermen's Walk, una señal en unas escaleras indica el camino al St Magnus Roof Garden, una terraza verde con vistas del Támesis.

3 Exposición de cabezas

De vuelta al camino, antes de pasar por debajo del **London Bridge** se pueden subir las escaleras plateadas del puente para ver la curiosa placa que indica el lugar donde antiguamente se exhibían, empaladas, las cabezas de los delincuentes y traidores decapitados.

4 Culto a Mitra

Dejando atrás el concurrido Oyster Shed se llegará al **Walbrook Wharf,** único muelle de mercaderías que aún opera en la City, donde una placa indica la ubicación de los restos de un templo a Mitra y de una impresionante cabeza de un dios pagano esculpida.

5 Antiguo plano de St Paul's

Cruzando el pintoresco Fruiterers Passage, de estilo victoriano, se verá la inscripción en la pared que muestra cómo era St Paul's antes de la reconstrucción de Wren. Algo más allá, el **Queenhithe Mosaic** muestra la historia de la City hasta el 2014 en un mosaico. La penúltima parada son las **Trig Lane Stairs,** donde con marea baja aparece una playa de guijarros.

6 El "puente tambaleante"

Apenas unos metros más allá se llega al final del recorrido: el elegante **Millennium Bridge,** diseñado por Anthony Caro y Norman Foster en acero, aluminio y hormigón. El día de su inauguración se ganó el apodo de "puente tambaleante", pero se hicieron modificaciones y ya no se mueve. Tiene en un extremo la Tate Modern y en el otro Peter's Hill y la catedral de St Paul. De noche es especialmente fotogénico.

EXPERIENCIAS

Explorar los restos de Londinium

RUINAS ROMANAS

Aunque se han hallado restos dispersos de asentamientos anteriores, fueron los romanos los que fundaron la primera ciudad significativa en el río Támesis, en el 47 d.C., solo cuatro años después de invadir la región, y su Londinium fue la que dio nombre a la capital de Inglaterra. Sus vestigios más claros son los diversos fragmentos que quedan de la muralla romana en forma de herradura que rodeaba la ciudad. Los segmentos más impresionantes son los del **London Wall** (PLANO: 1 P. 104 **D3**) de Noble St, en Tower Hill Station, y el Roman Wall of Londinium, dentro de la Torre de Londres. En 1979 se descubrió un gran fragmento de la muralla, junto a los cimientos de un bastión, en la recién inaugurada **City Wall at Vine Street** (PLANO: 2 P. 104 **G4**); donde la muralla aparece decorada con artefactos hallados en las proximidades, bajo los bloques de oficinas. En el extremo norte de los terrenos del Barbican hay otra sección de la muralla, aunque está hecha sobre todo con ladrillos Tudor añadidos posteriormente, y una torre medieval.

Una comida con vistas

CENAR EN EL CIELO

El **Duck & Waffle** (PLANO: 3 P. 104 **G3**) es un lugar ideal para cenar tarde (o temprano), disfrutando de las vistas desde uno de los restaurantes más altos de Londres (en la 40ª planta) mientras se prueba su plato estrella: un esponjoso gofre con confit de pato y un huevo de pato frito, bañado en sirope de arce con semillas de mostaza. La *brasserie* más alta de Londres, **Darwin Brasserie** (PLANO: 4 P. 104 **F4**), abierta todo el día, sirve platos de inspiración británica. Se podrán comer filetes tiernos, ñoquis ligeros o hamburguesas *gourmet* antes de deambular en torno al impresionante **Sky Garden** (p. 120), al

EL CULTO ROMANO A MITRA

Inspirado por el culto iraní a Mitra, la divinidad zoroástrica, el culto romano a esta deidad era una religión mistérica, en la que solo los iniciados podían participar en ceremonias en sus templos subterráneos, y poseía su propia imaginería, que mostraba a Mitra naciendo de una roca, matando un toro y en un banquete con el dios Sol. Aunque era muy popular por todo el Imperio romano de Occidente –según algunos cálculos había 700 templos mitraicos solo en Roma–, no se han encontrado textos escritos sobre ella, así que no se sabe casi nada sobre sus prácticas, y los investigadores no se ponen de acuerdo a la hora de interpretar las pruebas. El culto acabó desapareciendo con la expansión del cristianismo por el Imperio romano.

que se puede acceder gratis con la reserva. Para disfrutar de la mejor vista de la obra magna de Christopher Wren se puede visitar el **Madison** (PLANO: 5 P. 104 **D4**), un elegante bar, restaurante y coctelería al estilo de Manhattan situado en el ático del One New Change. En su terraza, que queda frente a la catedral de St Paul, se ofrece un *brunch* neoyorquino de fin de semana con platos principales como pollo frito o crepes.

Los espacios sagrados de Wren

IGLESIAS

Sir Christopher Wren supervisó la reconstrucción de 52 iglesias tras el Gran Incendio de Londres de 1666, y muchas de ellas siguen en pie en la City. 20 años después del Gran Incendio, Wren reconstruyó la **St Andrew's Church** (PLANO: 6 P. 104 **B3**), en Holborn, que se convirtió en su mayor iglesia parroquial. La amplia nave del templo, que data del s. x, cuenta con altas ventanas en arco, un techo de bóveda con molduras doradas y un altillo.

En la **St Mary Aldermary** (PLANO: 7 P. 104 **D4**), construida por Wren en 1682, llama la atención el techo de la nave, con una bóveda blanca en abanico que contrasta con los bancos de madera pulida y las baldosas del suelo, de color rojo sangre y estética medieval.

Si Wren no hubiera reconstruido la **St Mary-le-Bow** (PLANO: 8 P. 104 **D4**) en 1673, los *cockneys* habrían tenido que buscarse otra referencia para definir lo que es el "East End", pues se dice que solo son auténticos *cockneys* los que han nacido allá donde se oyen sus campanas.

La **St Bride's** (PLANO: 9 P. 104 **B4**), construida en 1672 cerca de Fleet St, en su día epicentro de la prensa británica, aún es conocida como la "iglesia de los periodistas". Un conmovedor monumento recuerda a los periodistas muertos en acto de servicio.

Beber en un local clásico

PUBS HISTÓRICOS

Una de las formas más sugerentes de adentrarse en el Londres histórico es tomarse una pinta en un local centenario, cada uno con sus peculiaridades, y con mucho encanto. El **Ye Olde Cheshire Cheese** (PLANO: 10 P. 104 **B4**) fue reconstruido en 1667 tras el Gran Incendio y es uno de los *pubs* más famosos –y concurridos– de Londres, con importantes conexiones literarias: Mark Twain, Arthur Conan Doyle y Charles Dickens eran clientes habituales. Su decoración victoriana y sus luces tenues pueden dar la impresión de que aún están por ahí.

La **Viaduct Tavern** (PLANO: 11 P. 104 **C3**), inaugurada en 1869, es uno de los pocos palacios de la ginebra victorianos que quedan en la City, y se dice que tiene sus fantasmas. El **Hoop & Grapes** (PLANO: 12 P. 104 **H4**), que data del s. xiii, sobrevivió al Gran Incendio, pero probablemente su estructura actual sea del

SUBIR AL CIELO
La mejor manera para ver los rascacielos de la City de cerca –y gratis– es desde el **Garden at 120** (PLANO: 15 P. 104 **G4**), que está en Fenchurch St, rodeado de varios edificios destacados. Como todos los edificios de la City son privados, entrar puede resultar complicado. El Lloyds Building y el 22 Bishopsgate no están abiertos al público, pero el **Gherkin** (PLANO: 16 P. 104 **G4**) y el **Cheesegrater** (PLANO: 17 P. 104 **F4**) tienen restaurante, al igual que el Walkie Talkie, que es el más accesible de todos gracias a su imponente **Sky Garden** (p. 120), en las plantas 34 a 37 (imprescindible reservar).

s. XVII. Hay quien dice que está conectado a la Torre de Londres por un túnel secreto.

El **Ye Olde Watling** (PLANO: 13 P. 104 **D4**), de 1668, se encuentra en la antigua calzada romana; se dice que fue aquí donde Christopher Wren trazó los planos de la catedral de St Paul. También se dice que la reina Isabel I bailaba con sir Christopher Hatton, su supuesto amante, en el **Ye Olde Mitre** (PLANO: 14 P. 104 **B3**), en torno a un cerezo del que aún se puede ver el tocón.

Adentrarse en la Mansion House — EDIFICIO HISTÓRICO

PLANO: 18 P. 104 **E4**
Frente al Bank of England se encuentra la Mansion House, con sus soportales, construida por George Dance el Viejo. Es la residencia oficial del alcalde de Londres desde 1752, y su magnífico interior incluye una colección de arte impresionante y una imponente sala egipcia, cuyas columnas altas sostienen un estrecho altillo. La sala no es 'egipcia' en absoluto; solo se llama así porque se inspiró en la arquitectura romana de Egipto. Hay visitas guiadas cada martes, con salida de la entrada porticada de Walbrook.

Recordar el Gran Incendio de Londres — MONUMENTO

PLANO: 19 P. 104 **F5**
Una monumental columna dórica de piedra de Portland creada por Christopher Wren alude al **Gran Incendio de Londres de 1666,** que destruyó el 80% de la ciudad. Tiene 62 m de altura, que es exactamente la distancia que hay hasta la panadería de Pudding Lane, donde se cree que se inició el incendio. Aunque los modernos rascacielos lo han dejado pequeño, en el momento de su construcción el **Monument** se elevaba sobre la ciudad. Subiendo los 311 escalones de su escalera de caracol se puede ver la 'bola' dorada de fuego en lo alto, que sigue ofreciendo buenas vistas gracias a su céntrica ubicación.

Presenciar un juicio en la Central Criminal Court JUZGADOS

PLANO: 20 P. 104 **C3**

Asistir a un juicio en el Tribunal Criminal Central, conocido como "Old Bailey", es bastante emocionante. Aunque se trate de un caso corriente, el hecho de estar en el lugar donde fueron juzgados los gemelos Kray u Oscar Wilde ya es algo memorable.

El registro diario de casos está indicado en el exterior, junto a la puerta principal; la entrada a la galería pública se hace por Warwick Passage, que queda pocos pasos al sur. Hay 18 tribunales para elegir: los más antiguos, que van del 1 al 4, suelen acoger los casos más interesantes. Para asistir a un juicio importante habrá que llegar temprano. Están prohibidas las cámaras, equipos de vídeo, teléfonos móviles, bolsos grandes, comida y bebida, y no hay taquillas ni guardarropa para dejarlos.

Tomar una copa en una casa de baños victoriana BAR EXCLUSIVO

PLANO: 21 P. 104 **F3**

La Victorian Bath House, imponente monumento de inspiración islámica, con su cúpula bulbosa, su media luna y su estrella, se construyó como baño turco en 1895, cuando los *hammams* hacían furor en la Inglaterra victoriana.

Sobrevivió al Blitz (1940-1941), pero ahora, convertida en un bar exclusivo, se ve pequeña comparada con los bloques de oficinas próximos a la estación de Liverpool St. Pese a las evidentes referencias al arte islámico, el arquitecto G. Harold Elphick decía haberse inspirado en la iglesia del Santo Sepulcro de Jerusalén.

Visita guiada a la sede de gobierno municipal AYUNTAMIENTO GÓTICO

PLANO: 22 P. 104 **E3**

El Guildhall, edificio catalogado de grado I, es la sede del gobierno municipal desde hace más de 800 años. El Gran Salón data de

¿QUIÉN FUE SIR CHRISTOPHER WREN?

Christopher Wren no estudió arquitectura hasta pasados los 30 años de edad. En Oxford estudió latín, ciencias y matemáticas, aunque en la universidad se le pidió que diseñara algunos edificios para practicar. Durante un viaje a París, en 1665, inició sus estudios formales en arquitectura e, influido por el escultor y arquitecto Bernini, empezó a trazar los planos para la reconstrucción de la catedral de St Paul, que ya estaba en mal estado. Un año más tarde, el Gran Incendio de Londres destruyó dos tercios de la ciudad y Wren supervisó la reconstrucción de la capital inglesa, incluidos el Hampton Court Palace, el Royal Hospital de Chelsea y el Old Royal Naval College, entre otros.

comienzos del s. XV y posee una majestuosidad gótica digna de Hogwarts, con ventanas abovedadas puntiagudas y techos de 27 m de altura. La Antigua Biblioteca, por su parte, es una estructura catalogada de grado II. Fue construida en 1872 por sir Horace Jones, famoso por el Tower Bridge, y alberga 126 000 libros y vitrales que muestran la introducción de la imprenta en Inglaterra.

Es la única estructura secular que sobrevivió al Gran Incendio de 1666, aunque sufrió graves daños, al igual que durante los bombardeos de 1940. Una vez al mes se ofrecen visitas guiadas por el interior.

Visita al Smithfield Market COMPRAS NOCTURNAS

PLANO: 23 P. 104 **C2**

Aunque hoy en día las transacciones son casi todas al mayor, cualquiera puede comprar en el Smithfield Market, el último mercado de carne que queda en Londres. El mercado nocturno funciona de las 24.00 a las 7.00, aunque algunos puestos se mantienen abiertos hasta las 12.00. Se recomienda llegar antes de las 7.00 para verlo en plena actividad, comprar o preguntar precios a los vendedores, ya que al tratarse de un mercado mayorista no suelen estar a la vista. El mercado lleva aquí desde el s. XII, y el colorista edificio que ocupa actualmente es una creación de Horace Jones.

Recorrer un oasis verde en las alturas JARDÍN EN UN RASCACIELOS

PLANO: 24 P. 104 **F4**

Los helechos, higueras y agapantos que se encaraman hasta lo alto de los tres pisos del rascacielos Walkie Talkie no son más que decoración en comparación con las extraordinarias vistas de 360 grados de Londres que ofrece este enorme jardín a 155 m parecido a una terminal de aeropuerto. El **Sky Garden** ofrece unas vistas privilegiadas del Shard, y una panorámica que alcanza kilómetros a este y oeste. Las visitas deben reservarse por internet al menos con tres semanas de antelación, ya que las entradas suelen agotarse. Los lunes por la mañana se ofrece un pequeño número de entradas para quien quiera hacer cola.

Explorar la evolución del dinero en el Bank of England Museum MUSEO

PLANO: 25 P. 104 **E4**

Este museo, sorprendentemente interesante, ofrece una muestra sobre el dinero y la historia del Bank of England, fundado en 1694, en un pequeño edificio contiguo a la oficina central del banco.

Cinco galerías ilustran los primeros años del banco, cuando se fundó para recaudar dinero durante una guerra con Francia, pasando luego por el s. XIX y hasta su rol moderno como banco central del país. Su muestra interactiva ofrece la posibilidad de tocar un lingote de oro, que pesa nada menos que 13 kg y tiene un valor de más de 570 000 £.

La sección más impactante es la nueva exposición dedicada a la esclavitud y el banco, en la que se exploran los vínculos de la entidad con el comercio de esclavos. En el escalofriante 'inventario' de una de las dos plantaciones de azúcar que el banco poseía a finales del s. XVIII, se indica el valor monetario de cada hombre, mujer y niño esclavizados. Otro apartado muestra la implicación de los clientes más famosos del banco en el comercio humano, incluido George Washington, el que sería primer presidente de Estados Unidos, que poseía esclavos.

Contemplar la belleza brutalista del Barbican CENTRO CULTURAL

PLANO: 26 P. 104 **D2**

El Barbican, construido en el lugar donde cayó una bomba durante la II Guerra Mundial, toma su nombre de las barbacanas romanas, fortificaciones que protegían la antigua Londinium. Aún se pueden ver algunos restos de ese sistema de defensa en la sección suroeste del complejo.

Muchos discuten el valor arquitectónico de esta extensa casa brutalista, pero está catalogada y es un espacio muy buscado para vivir, además de ser el centro cultural destacado de la City. Cuenta con un invernadero tropical, dos teatros, tres cines, una sala de conciertos y dos galerías de arte: la **Barbican Art Gallery** y la **Curve.** Se puede hacer una visita guiada de 1½ h o ir por cuenta propia: lo más destacado es sin duda la zona que rodea el lago central, con su fuente, donde hay muchos sitios donde sentarse, y una cafetería con terraza.

¿ERROR AL COMPRAR UN PUENTE?

¿Es verdad que un estadounidense compró el viejo y aburrido London Bridge pensando que compraba el Tower Bridge? La respuesta a este rumor legendario usado para reírse de los americanos es un "no" categórico. El millonario Robert McCulloch, originario de Misuri, sabía exactamente qué puente estaba comprando cuando salió de su casa con casi 2,5 millones de dólares en abril de 1968 para llevarse el London Bridge ladrillo a ladrillo hasta Arizona, donde lo reconstruyó en el lago Havasu, lo que acabó costándole 7 millones de dólares.

SUGERENCIAS

Lo mejor para...

£ Económico ££ Medio £££ Alto

Localizaciones en el plano de la p. 104

Comer

Cena junto al río

Coppa Club ££
27 G5
Restaurante abierto todo el día, con vistas al Tower Bridge y carta de estilo italiano. Tiene mesas al aire libre metidas en iglús con cúpulas geodésicas. *9.00-23.00*

Oyster Shed ££
28 E5
Grandes ventanales y carta británica; a veces puede ser ruidoso con la llegada de los oficinistas tras el trabajo. *10.00-23.00 lu-sa, 11.00-17.00 do*

Cocina británica

Bread Street Kitchen £££
29 D4
Moderno local con estética de almacén con desayunos de tenedor. Gordon Ramsay ha traído la modernidad del este de Londres a la City. *7.30-22.00 lu-vi*

Fortnum's Bar & Restaurant ££
30 E4
Los trajeados camareros del bar-restaurante de los grandes almacenes londinenses sirven platos como hígado de ternera con beicon o pescado del día. *7.30-22.00 lu-vi*

Paternoster Chop House ££
31 C4
Asador británico que sirve platos de carne de primera en un moderno local. *12.00-15.00 y 17.00-21.00 lu-sa*

Desayunos

Polo Bar £
32 G3
Tranquilo café británico abierto todo el día, para desayunar, tomar el *brunch*, almorzar o cenar. *24 h*

Byward Kitchen & Bar ££
33 G5
Su atrevida carta incluye estofado de chorizo y *menemen* al estilo indio, además de la típica oferta inglesa. *9.00-17.00*

Café Rouge St Paul's ££
34 C4
Desayunos ingleses variados, con excelentes opciones veganas, en un ambiente parisino retro. *9.00-21.00*

Ivy City Garden £££
35 F3
Un entorno exquisito donde disfrutar del desayuno semanal Ivy Full English, o del *brunch* de temporada. *8.00-22.30 lu-vi, 11.00-22.30 sa, 11.00-16.30 do*

Guía Michelin

City Social £££
36 F3
Cocina contemporánea británica servida en un comedor con toques *art déco*, luces tenues y vistas sublimes desde la 24ª planta. *12.00-23.30 lu-vi, 16.00-24.00 sa*

Angler £££
37 F2
El chef Gary Foulkes ofrece platos de pescado y marisco sostenible, de temporada y procedente de aguas británicas. *12.00-14.00 ma-vi, 18.00-21.00 ma-sa*

Bob Bob Ricard City *£££*****

véase 17 F4

En la 3ª planta del Cheesegrater, tiene una ostentosa decoración y su "botón del champán". *12.00-24.00 ma-sa*

Brigadiers £

38 E4

Carta de comida callejera y barbacoa pero de nivel, en un ambiente ruidoso inspirado en los clubes de oficiales indios. *12.00-22.30 lu-sa*

Comida asiática

Karamay Uyghur Kitchen ££

39 G4

Restaurante sino-turco que sirve kebabs bien especiados con arroz aromático y fideos orientales. *12.00-22.00 ma-do*

Bibimbap To Go £

40 F4

Pollo picante y *bibimbap* con tofu, así como otras opciones coreanas, como sopa de *kimchi* o *bento* con *booi-go-gi* de ternera. *12.00-22.00*

Thai Square Mansion House £££

41 D4

Platos tailandeses como curri *massaman* o *pad thai* en un ambiente elegante. *12.00-15.30 y 17.30-22.30 lu-vi*

Beber

Vino

El Vino

42 B4

Toda una institución donde los abogados se sueltan el pelo (o se quitan la peluca). *12.00-22.00 lu-vi*

Humble Grape

43 G3

Los expertos camareros pueden asistir en la elección de alguno de sus vinos importados, a la vista en las paredes de ladrillo. *12.00-23.00 lu-vi*

Willy's Wine Bar

44 G4

Vinoteca de luces tenues con el techo en forma de barrica, carta inglesa y platos para compartir. *11.00-21.00 lu y ma, 11.00-22.00 mi-vi*

Café

Wren Coffee

45 D4

Café con pasteles, desayunos y almuerzos servidos en una iglesia impresionante. *7.00-16.30 lu-vi*

Café Below

véase 8 D4

Cafés, desayunos y almuerzos de temporada servidos en la cripta normanda de St Mary-le-Bow. *11.00-14.30 lu y ma, 7.30-14.30 mi-vi*

Carter Lane Coffee House

46 C4

Pequeña cafetería con postales tras la barra para que cada uno busque su destino favorito. *7.00-16.30 lu-vi*

Alchemy Café

47 C4

Pequeña cafetería artesanal con deliciosas pastas. *8.00-15.00 lu-vi*

Comprar

Centros comerciales

One New Change

véase 5 D4

Centro comercial con marcas de primera y restaurantes correctos. Desde la 6ª planta hay vistas de la catedral de St Paul. *10.00-18.00 lu-sa, 12.00-18.00 do*

London Silver Vaults

48 A3

Mercado subterráneo con la mayor oferta de plata antigua del mundo, desde cucharillas a elaboradas piezas decorativas. *9.00-17.00 lu-vi, hasta 13.00 sa*

Sugerencias de lugares para comer, beber y comprar en **p. 143**

Explora
Tate Modern y el South Bank

La "orilla sur" del Támesis, desde el Lambeth Bridge al London Bridge, es un barrio de visita obligada. Ha sido lugar de ocio desde la Edad Media, y sigue albergando numerosas atracciones artísticas y culturales. El Royal Festival Hall es la sede de la London Philharmonic Orchestra, la Tate Modern expone una enorme colección de arte contemporáneo, y el Globe Theatre, reconstruido en estilo Tudor, rinde homenaje a William Shakespeare. El Shard se alza hacia el cielo, con el histórico Borough Market a sus pies. El arte, la música y la energía de la gente llenan todos los rincones del barrio.

Cómo desplazarse

A pie
Cuando hace buen tiempo, es el mejor modo de descubrir las atracciones del barrio.

Autobús
Recorren las calles principales, y cruzan algunos de los puentes.

Metro
Numerosas estaciones de metro dejan a un paseo de la Tate Modern y de cualquier lugar del South Bank.

Barco
Los *clippers* de Uber atracan en el Bankside Pier, a unos minutos a pie de la Tate Modern. Salen de Barking Riverside, al este, y Putney, al oeste.

LO MEJOR

Subirse al icónico **LONDON EYE** (p. 132) para disfrutar de las vistas.

Viajar en el tiempo para ver una obra de Shakespeare en el **SHAKESPEARE'S GLOBE** (p. 133).

Pasar horas viendo arte moderno en la enorme **TATE MODERN** (p. 128).

Descubrir sabores en el **BOROUGH MARKET** (p. 135).

London Eye (p. 132).
DEYMOSHR/SHUTTERSTOCK ©

A
B
C
D
1
2
3
4
5
6
Aldwych
Strand
Strand
Temple
Middle Temple La
Temple Ave
Tudor St
Blackfriars
Victoria Embankment
Blackfriars Bridge
Waterloo Bridge
Véase ampliación
Waterloo Rd
Upper Ground
SOUTHWARK
Stamford St
Coin St
Hatfields
Meymott St
Belvedere Rd
Waterloo East
Exton St
Southwark
Wootton St
12
Golden Jubilee Bridges
47
10
21
28
40
55
48
59
43
SOUTH BANK
London Eye
1
Thames Rockets
33
Sea Life London Aquarium
25
41
53
York Rd
Waterloo
Leake St Arches
2
Old Vic
18
The Cut
Ufford St
Cornwall Rd
Blackfriars Rd
29
24
Vaults
57
44
London Dungeon
20
38
Westminster Bridge
32
Florence Nightingale Museum
Lower Marsh
Westminster Bridge Rd
Baylis Rd
Pearman St
Waterloo Rd
Lambeth North
Westminster Bridge Rd
London Rd
St George's Rd
Carlisle La
Lambeth Palace Rd
Archbishop's Park
LAMBETH
Garden Row
Garden Museum
30
Lambeth Rd
Kennington Rd
0
500 m
Más información
Imprescindible p. 128
Experiencias p. 132
Comer p. 143
Beber p. 144
Comprar p. 145

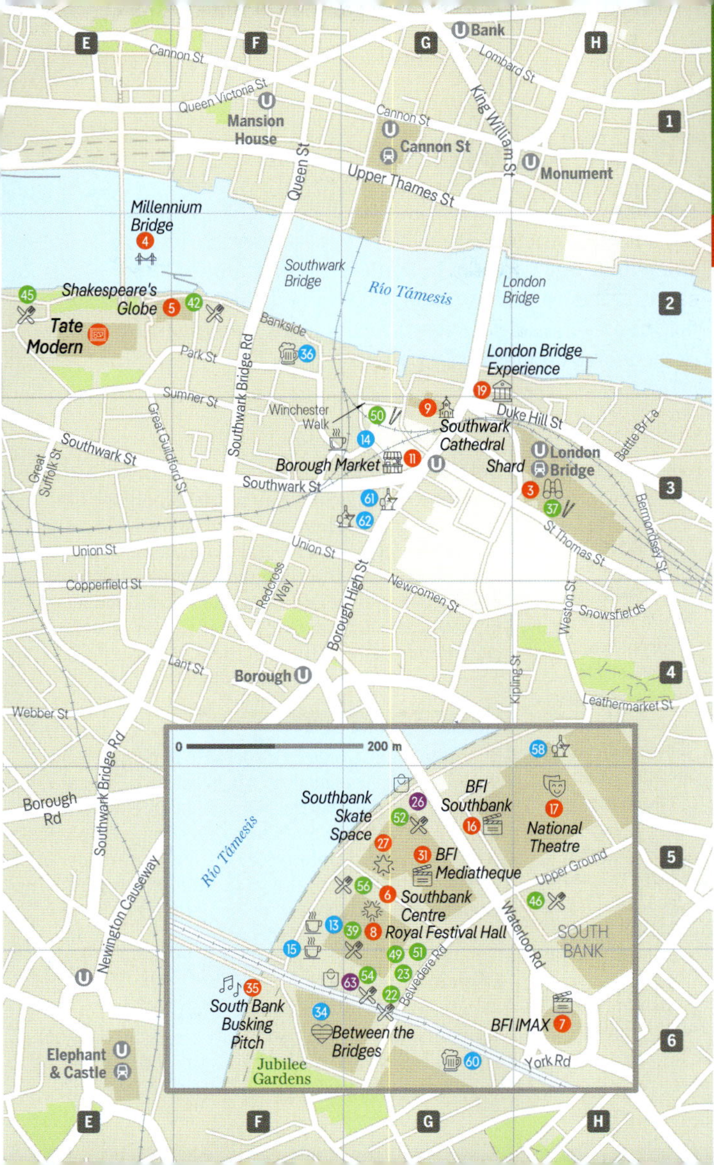
E
F
G
H
1
2
3
4
5
6
Bank
Lombard St
Cannon St
Queen Victoria St
Mansion House
Cannon St
King William St
Monument
Upper Thames St
Queen St
Millennium Bridge
4
Southwark Bridge
Río Támesis
London Bridge
45
Shakespeare's Globe
5
42
Tate Modern
Bankside
36
Park St
Southwark Bridge Rd
London Bridge Experience
19
Sumner St
Winchester Walk
50
9
Duke Hill St
Southwark Cathedral
14
Battle Br La
Southwark St
Great Suffolk St
Great Guildford St
Borough Market
11
Shard
London Bridge
3
Southwark St
61
62
37
Bermondsey St
St Thomas St
Union St
Union St
Copperfield St
Redcross Way
Borough High St
Newcomen St
Weston St
Snowsfields
Lant St
Borough
Kipling St
Leathermarket St
Webber St
Borough Rd
Southwark Bridge Rd
Newington Causeway
Elephant & Castle
0
200 m
58
Southbank Skate Space
BFI Southbank
26
52
16
17
National Theatre
Río Támesis
27
31
BFI Mediatheque
Upper Ground
56
6
Southbank Centre
46
Waterloo Rd
13
39
8
Royal Festival Hall
SOUTH BANK
15
49
51
Belvedere Rd
63
54
23
35
22
South Bank Busking Pitch
34
BFI IMAX
7
Between the Bridges
60
York Rd
Jubilee Gardens

★ IMPRESCINDIBLE

Tate Modern

Esta enorme galería del South Bank es un tributo al arte moderno y contemporáneo de todo el mundo. Se levanta en el lugar que ocupaba la Bankside Power Station, una central térmica reconvertida, y contiene más de 800 fascinantes piezas de artistas reconocidos y emergentes procedentes de más de 50 países.

PLANO: P. 126 **E2**

CONSEJO
Para las exposiciones especiales conviene reservar con antelación. Se ofrecen visitas guiadas de 45 min por parte de la colección permanente todos los días a las 12.00, 13.00 y 14.00 (el punto de encuentro es la 2ª planta del edificio Natalie Bell).

Sala de turbinas

Este enorme espacio posindustrial albergaba los generadores eléctricos de la central térmica; actualmente es una imponente galería para esculturas de gran escala, arte experimental y grandes instalaciones. Todo lo que se expone aquí es espectacular, en muchos casos interactivo, y suele llamar la atención. Se puede recorrer el espacio (de 155 x 35 m) a pie o ver las piezas desde los balcones.

Edificio Natalie Bell

El antiguo edificio de la caldera de la central lleva hoy el nombre de una antigua activista del lugar, y alberga las galerías gratuitas de la Tate Modern, en las plantas 2 y 4. Es el lugar ideal para empezar la visita. La Start Gallery, organizada por temas, presenta algunos de los grandes nombres del arte moderno de todo el mundo. La planta 3 acoge exposiciones especiales (de pago).

Edificio Blavatnik

El edificio Blavatnik, de 10 plantas (foto dcha.) abrió en el 2016, y supuso un aumento del 60% del espacio expositivo. Aquí están los pesos pesados de la galería, y otras piezas e instalaciones de arte

RON ELLIS/SHUTTERSTOCK ©

visual. Las plantas 0, 3 y 4 son de acceso gratuito. Pueden encontrarse obras de Jackson Pollock, Georges Braque, Henri Matisse, Piet Mondrian, Andy Warhol, Mark Rothko, Barbara Hepworth, Damien Hirst, Rebecca Horn o Claes Oldenburg, por ejemplo.

Escanea este código QR para descargar el plano de la Tate Modern y planificar la visita.

CIRCUITO A PIE

Historia y modernidad en South Bank

El paseo a orillas del Támesis revela las enormes dimensiones que tiene Londres. Es un lugar concurrido, cargado de energía. Los edificios del Parlamento y los puentes más famosos dan paso a edificios brutalistas, colosos industriales y modernos rascacielos.

INICIO	FINAL	DURACIÓN
Parada de metro Westminster	The Shard	5 km; 3-4 h

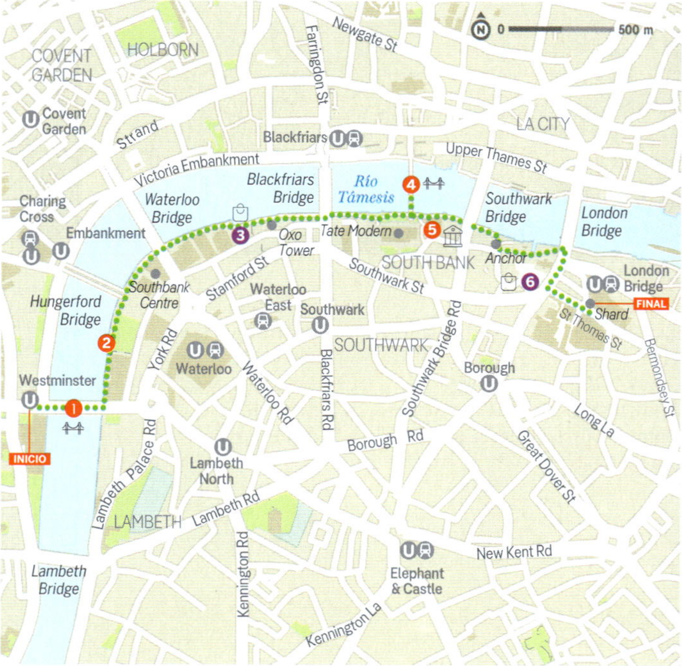

1 Westminster Bridge

Desde la estación de Westminster se cruza el Westminster Bridge, de 1750, para echar un vistazo al **río Támesis,** con el Big Ben y el neogótico palacio de Westminster, con sus elementos medievales en madera de roble al sur, y el London Eye y los Jubilee Bridges al norte. Se bajan las escaleras del este para llegar al South Bank.

2 Cabinas que se elevan al cielo

La rueda del **London Eye** se eleva con elegancia junto al río Támesis, rodeada de turistas, cantantes callejeros y corredores. A la derecha aparece el **Southbank Centre,** estructura brutalista de hormigón en su día apodado "el edificio más feo de Gran Bretaña", pero ahora considerado un importante tesoro arquitectónico. Cerca de allí se oirá el golpeteo de los patinadores que hacen sus piruetas en el Southbank Skate Space, bajo el Queen Elizabeth Hall.

3 Compras originales

Siguiendo el río uno se encuentra los comercios del **Gabriel's Wharf,** pequeño complejo de *boutiques,* tiendas de cerámica y de arte, y el **Oxo Tower Wharf,** antigua fábrica que hoy alberga tiendas de artesanía y el Oxo Tower Restaurant, Bar & Brasserie, con imponentes vistas del Támesis y de St Paul's al otro lado del río.

4 Vistas del puente

El **Millennium Bridge,** apodado el "puente tambaleante", se llama así porque en un principio se notaba cómo se movía al transitar (hasta que se hicieron modificaciones para arreglarlo). Cruzándolo se disfrutará de unas vistas incomparables de la catedral de St Paul.

5 En tiempos de Shakespeare

Al este de la Tate Modern se encuentra el **Shakespeare's Globe,** un teatro magníficamente restaurado. Pasando por debajo del Southwark Bridge se llegará al *pub* **Anchor Bankside,** siempre atestado: se cree que es la única taberna que se mantiene en pie desde tiempos de Shakespeare, y aún sirve cervezas y tartas de carne. A partir de aquí, un laberinto de callejuelas lleva hasta la **Southwark Cathedral,** donde se cree iba a misa el propio Shakespeare.

6 Comida 'gourmet'

Los vendedores de comida del **Borough Market** vocean sus ofertas desde el 1014. Es un buen lugar para comprar quesos, carne o pescado fresco, así como artesanía de todo el mundo. Por encima se eleva la espectacular silueta del **Shard,** uno de los edificios más altos de Europa.

EXPERIENCIAS

Ver la City desde el London Eye

NORIA

PLANO: 1 P. 126 **A4**

El famoso London Eye, en el tramo oeste del South Bank, no pasa desapercibido con sus 32 cabinas transparentes, que representan los 32 barrios de la ciudad, y es un elemento integral del perfil de la ciudad.

Desde que se inauguró, en el año 2000, los visitantes disfrutan de una panorámica de 360 grados que permite reconocer lugares como el palacio de Buckingham, el Shard y el Big Ben. La noria más alta de Europa es escenario de celebraciones, en particular en Fin de Año, cuando acoge una gran fiesta con fuegos artificiales que iluminan el cielo nocturno londinense con vivos colores.

Las mejores vistas son las que ofrece al atardecer, cuando un brillo dorado cubre la ciudad, pero tanto de día como de noche, si hace buen tiempo, las increíbles vistas alcanzan más de 40 km. Cada vuelta dura 30 min y en cada cabina pueden subir hasta 25 personas. A veces se llena, por lo que quizá haya que compartir el espacio. Reservando con antelación se pueden conseguir mejores precios.

Recorrer los Leake Street Arches

ARTE URBANO

PLANO: 2 P. 126 **B4**

Los arcos de Leake Street, conocidos como "el túnel de Banksy" en referencia al Cans Festival organizado por el artista callejero en el 2008, acogen arte urbano en todas sus formas. Es el espacio de grafitis legales más grande de Londres, con 300 m justo por debajo de las vías de Waterloo. Los arcos son una galería viva a la que llegan artistas consolidados y emergentes de todo el mundo para pintar murales sobre los que ya existen, por lo que siempre se verá algo nuevo. También hay restaurantes, bares y lugares de ocio independientes, que hacen aún más atractivo este sitio de moda.

Subir al Shard para contemplar las vistas

RASCACIELOS

PLANO: 3 P. 126 **H3**

El Shard se eleva sobre el London Bridge y el resto de la ciudad. Tiene 72 plantas, lo que lo convierte en el edificio más alto del país. Se puede subir hasta la planta 68 en ascensor de alta velocidad; en la planta 69 hay un mirador, y en la planta 72 una plataforma al aire libre. Ambos ofrecen vistas de 360 grados que alcanzan más de 60 km. Es más fácil subir si se reserva con antelación, y una vez arriba no hay límite de tiempo. La experiencia mejora aún más cenando o alojándose en el **Shangri La Hotel,** que ocupa de la planta 34 hacia arriba.

Cruzar el moderno "puente tambaleante" PUENTE

PLANO: 4 P. 126 **E2**

El **Millennium Bridge** se ganó el apodo de "Wobbly Bridge" ("puente tambaleante") porque al inaugurarse, en el 2000, se percibió un balanceo inesperado al cruzarlo. Solo dos días después se cerró y, tras algunas mejoras, volvió a abrir al público. Es una fantástica ruta panorámica entre dos lugares de interés cultural: la Tate Modern, en el South Bank, y la catedral de St Paul, en la City de Londres, disfrutando de las vistas del río. De noche se ilumina con paneles azules, creando un camino de luces hacia St Paul's.

Ver una obra en el Shakespeare's Globe TEATRO

PLANO: 5 P. 126 **F2**

Este teatro reconstruido rinde homenaje al legado de William Shakespeare, pero no solo presenta clásicos del gran dramaturgo, como *Macbeth,* en su espacio abierto; también acoge otras producciones. No tiene techo, así que habrá que vestirse según el tiempo que haga. En invierno algunas obras se presentan en la **Sam Wanamaker Playhouse,** a la luz de un centenar de velas de cera de abeja.

Las mejores localidades son las del centro de las galerías baja y media, ya que es hacia allí adonde se proyectan los actores. Pero también hay localidades de pie, para ahorrar dinero. Las obras suelen durar 2½ h aprox. Quien no disponga de tanto tiempo puede realizar una visita guiada de 40 min.

LA MAYOR PANTALLA DE GRAN BRETAÑA

En el corazón de este barrio volcado con la cultura y el cine está el emblemático **British Film Institute (BFI) IMAX,** en el centro de una enorme rotonda entre el Southbank Centre y la estación Waterloo. Es la pantalla de cine más grande del país, con unas dimensiones de 26 × 20 m, y tiene capacidad para 500 espectadores. Durante todo el año, el BFI IMAX ofrece un amplio programa de películas y otros contenidos que ofrecen una experiencia de cine inolvidable.

PLANO: 7 P. 126 **H6**

Un baño de cultura en el Southbank Centre CENTRO CULTURAL

PLANO: 6 P. 126 **G5**

El Southbank Centre ha sido el centro de la escena cultural y artística de la capital desde 1951, y organiza más de 5000 eventos al año, trayendo talento internacional a la ciudad. La ilimitada oferta, entre conciertos rapsódicos, producciones de arte visual y teatro, debates literarios y talleres, atrae a público de todas las edades, niños incluidos. Otros recintos importantes que forman parte del Southbank Centre son el Royal Festival Hall, la Hayward Gallery, el Queen Elizabeth Hall y la Purcell Room.

Asistir a un concierto en el Royal Festival Hall AUDITORIO

PLANO: 8 P. 126 **G5**

El Royal Festival Hall es el mayor escenario del complejo del Southbank Centre. Su gran auditorio rojo y dorado tiene un magnífico órgano de 7866 tubos y capacidad para más de 2700 personas. Desde sus inicios en el Festival of Britain de 1951, este imponente edificio ha sido el centro de la escena cultural londinense, y ha presentado todo tipo de eventos, desde conciertos clásicos a *jazz, spoken-word* y recitales de danza. También acoge eventos como sus fiestas *reggae* mensuales o talleres de cuentacuentos para niños pequeños. Se puede llegar desde la estación Waterloo, subiendo las escaleras y admirando las esculturas e instalaciones a gran escala que salpican la zona.

Comida callejera del mundo MERCADO GASTRONÓMICO

véase 8 P. 126 **G5**

En la plaza del Royal Festival Hall, en Belvedere Rd, hay unos 15 o 20 puestos de comida callejera *gourmet*. Se encontrarán desde arepas venezolanas a *injera* etíope y salchichas polacas, y todo a 5 min a pie de la estación Waterloo. También hay delicias de menor tamaño, como las *samosas* indias, y tentaciones dulces en forma de pastas, crepes o dónuts.

Comer aquí sale a cuenta, en comparación con los restaurantes de la zona, y hay muchas opciones para carnívoros, vegetarianos y veganos, por lo que es un típico lugar de encuentro para grupos. Los puestos cambian periódicamente, así que siempre se pueden probar sabores nuevos. Abre los viernes, sábados y domingos por la tarde.

Adentrarse en la gótica Southwark Cathedral CATEDRAL

PLANO: 9 P. 126 **G3**

Aunque no fue nombrada oficialmente catedral hasta 1905, la Southwark Cathedral tiene más de un milenio, lo que la convierte en uno de los monumentos más antiguos de la ciudad. Esta catedral anglicana ha sido escenario de muchos momentos cruciales, desde bodas reales a ceremonias oficiales, sobre todo porque es el edificio religioso más cercano al London Bridge, uno de los puentes más antiguos sobre el Támesis.

Su arquitectura gótica y románica, con una nave altísima, elaboradas tallas y vitrales, es testimonio de siglos de historia. La iglesia fue frecuentada por muchos poetas y artistas, entre ellos probablemente William Shakespeare, que vivía cerca de Southwark. El sol atraviesa una ventana que lleva el nombre del genial escritor e ilumina un monumento de 1912 dedicado a él, situado en el pasillo sur de la catedral. También se pueden ver la tumba de John Gower –poeta en tiempos de Ricardo II y Enrique IV– y del obispo Andrews, que participó en la elaboración de la Biblia en versión del Rey Jaime, un arcón decorado del s. XVI y el retablo del altar mayor.

Comprar recuerdos de artesanía en el Gabriel's Wharf — ZONA COMERCIAL

PLANO: 10 P. 126 **C2**

Dando un paseo desde la Oxo Tower se llega a un complejo creado a partir de garajes reconvertidos, con una ecléctica mezcla de joyería, moda y artesanía. Los vendedores diseñan y crean sus propios productos, por lo que es un lugar estupendo para comprar recuerdos a precios asequibles. Además, hay cafés, bares y restaurantes independientes de ambiente relajado, ideales para cenar con vistas al Támesis. Es una alternativa tranquila al resto del bullicioso South Bank. En verano, el Gabriel's Wharf se anima mucho, con música y espectáculos en directo junto al río.

Descubrir nuevos sabores en el Borough Market — MERCADO GASTRONÓMICO

PLANO: 11 P. 126 **G3**

El Borough Market nació como mercado mayorista hace un milenio, aunque se ha ido transformando hasta convertirse en el mercado gastronómico más famoso de Londres, con más de un centenar de locales de comida y bebida de primera que atraen a mucho público. Pero también se ve mucha gente comprando alimentos frescos en sus carnicerías, pescaderías y tiendas de quesos. Hay dos zonas principales: Three Crown Square, con las tiendas más grandes, y Green Market, con las más pequeñas. Una tercera zona, la Borough Market Kitchen, acoge puestos de comida callejera donde se encontrarán desde *baos* asiáticos a paella. Y en los alrededores hay además cafeterías, bares y restaurantes.

Dado que es uno de los mercados históricos de Londres, y uno de los más grandes, atrae a muchísimos turistas, vecinos y *gourmets*, por lo que las colas son habituales, especialmente a la hora del almuerzo, pero es parte de la experiencia, que culminará con una sabrosa recompensa. Se extienden bajo las vías del tren, cerca de la Southwark Cathedral y la estación London Bridge.

Cruzar el Támesis a pie — PUENTE

PLANO: 12 P. 126 **A3**

A los lados del puente ferroviario de Hungerford se extienden los peatonales **Golden Jubilee Bridges,** entre el Waterloo Bridge y el Westminster Bridge: el extremo norte da a Charing Cross, mientras que el borde sur se halla en el South Bank. Subiendo las escaleras

EL MEJOR CAFÉ EN EL SOUTHBANK

Riverside Terrace Café £

PLANO: 13 P. 126 **F5**

Platos saludables, un ambiente relajado e impresionantes vistas del Támesis.

Monmouth Coffee Company £

PLANO: 14 P. 126 **G3**

Los cruasanes están increíbles, y el café es aún mejor, elaborado con granos importados de origen único.

Beany Green £

PLANO: 15 P. 126 **F5**

Café artesano y pastas para llevar en un contenedor de carga justo debajo del Hungerford Bridge.

se tendrán vistas de lugares de referencia como el London Eye, al oeste, y se podrá ver el movimiento de gente en ambas orillas del río. El Hungerford Bridge se llamó así en referencia al histórico Hungerford Market; las pasarelas peatonales se añadieron más tarde y recibieron su nombre en recuerdo del 50º aniversario de la ascensión al trono de la ya fallecida reina Isabel II.

Ver una película independiente en el BFI Southbank CINE DE ARTE Y ENSAYO

PLANO: 16 P. 126 **G5**

El BFI Southbank es un elemento esencial del panorama cultural y de ocio de la ciudad. Se encuentra bajo el Waterloo Bridge, y presenta estrenos, clásicos y películas familiares, pero la importancia del British Film Institute va más allá de las proyecciones, ya que promueve la educación y la conservación de la cultura cinematográfica, abriendo sus archivos, organizando charlas y talleres y ofreciendo visitas para adentrarse en la historia del cine.

Ver una obra en el National Theatre TEATRO

PLANO: 17 P. 126 **H5**

Hacía ya más de 100 años que se discutía sobre la necesidad de crear un Teatro Nacional cuando se nombró por fin al gran actor Laurence Olivier como director, en 1962. Desde entonces ha evolucionado hasta convertirse en un dinámico escaparate de producciones de distintas épocas y de culturas de todo el mundo.

Sus tres auditorios –el gran Olivier, el versátil Lyttelton y el íntimo Dorfman– presentan más de una veintena de producciones al año, desde textos contemporáneos hasta obras maestras shakespearianas, comedias, musicales y espectáculos familiares.

Aunque no se vaya a ver una obra, se pueden explorar los vestíbulos, donde hay una librería, restaurantes, bares y espacios expositivos. Se ofrece una visita guiada de 75 min para meterse entre bambalinas y descubrir los secretos del escenario, ver el arte del atrezo y la escenografía, y conocer la historia del edificio. También hay visitas a los archivos para profundizar aún más en el conocimiento del teatro, visualizando fotografías y guiones.

Asistir a una representación en el clásico Old Vic TEATRO

PLANO: 18 P. 126 **C4**

La princesa Victoria solo lo visitó una vez, en 1833, pero bastó para transformar el Royal Coburg Theatre en "The Old Vic". El teatro, algo apartado de la orilla, cerca de la estación Waterloo, es uno de los más antiguos y venerados de Londres. También fue sede del National Theatre hasta 1976, cuando se trasladó al South Bank.

A lo largo de su historia, este teatro de 1000 localidades ha acogido algunos de los mejores y más influyentes directores, actores y producciones de la historia teatral británica. Bajo la batuta de Laurence Olivier, que lo dirigió en la década de 1940, el Old Vic alcanzó un éxito sin parangón y forjó un brillante legado.

En el escenario de este teatro de tres pisos, decorado con suntuosos rojos y dorados, han actuado leyendas como Judi Dench o Peggy Ashcroft. Para disfrutar de las mejores vistas, sin obstáculos, lo mejor es reservar butacas en la primera fila de la platea.

Emociones fuertes bajo el London Bridge HISTORIA Y HORROR

PLANO: 19 P. 126 **G2**

Quien sienta escalofríos solo de pensar en una figura con máscara de cerdo empuñando una motosierra encontrará en las enigmáticas profundidades de la **London Bridge Experience** el lugar ideal para quedarse sin respiración.

Y si después de recorrer los espeluznantes escenarios de historias nunca explicadas aún se quiere más, las **London Tombs** ofrecen un aterrador laberinto donde cruzarse con payasos, médicos, zombis y carniceros (en realidad convincentes guías perfectamente disfrazados) para darle un toque de emoción y descubrir cosas nuevas de Londres.

La London Bridge Experience lleva unos 50 min, pero quien se atreva a entrar en el laberinto de las London Tombs debe contar con el doble de tiempo. Las mayores aglomeraciones se dan entre las 12.00 y las 15.00. Si se viaja con niños, se puede optar por el circuito "Guardian Angel", para evitar que se asusten demasiado.

Un encuentro con los peores criminales de la historia en la London Dungeon EXPERIENCIA TERRORÍFICA

PLANO: 20 P. 126 **A4**

Esta aventura interactiva es un viaje a las entrañas de las historias más macabras en la ciudad de Londres.

LOS MEJORES PUESTOS DE COMIDA AFROAMERICANA

Limin South Bank ££

PLANO: 21 P. 126 **C2**

No es fácil encontrar cocina de Trinidad, pero el Limin la sirve en su restaurante-bar de playa en el Gabriel's Wharf.

Chocofruit £

PLANO: 22 P. 126 **G6**

Fruta + chocolate = paraíso. Bajo el Hungerford Bridge entre semana y en el mercado de comida del Southbank Centre el fin de semana, es cita ineludible para los amantes del chocolate.

Ethiopiques £

PLANO: 23 P. 126 **G6**

Puesto de cocina etíope vegana en el Southbank Food Market. Enamorará hasta a los más carnívoros.

La London Dungeon sumerge al visitante en unos ambientes creados con todo detalle, en los que unos actores dan vida a aterradoras historias, empezando por el descenso a una mazmorra en un ascensor de ambiente medieval que da paso a una aventura inmersiva.

El visitante será blanco de la ira del rey Enrique VIII, afrontando una pena de muerte por traición y navegando por las tempestuosas aguas de una travesía al infierno, y podrá enfrentarse a infames personajes como Jack el Destripador o Sweeney Todd. Y antes de salir se podrá experimentar una caída libre para disparar la adrenalina.

Entre períodos de gran oscuridad, los participantes podrán ver, oír, sentir e incluso oler la esencia (o el hedor) de las horas más negras del Londres histórico, con apariciones inesperadas que provocarán más de un respingo a lo largo de la 1½ h que dura esta aventura.

Si se tiene pensado visitar otras atracciones cercanas, como el London Eye o el acuario Sea Life London, se puede comprar una entrada múltiple, que sale más a cuenta.

Ver un espectáculo en las Underground Vaults TEATRO

PLANO: 24 P. 126 **B4**

La entrada a The Vaults, un escenario de teatro inmersivo inaugurado en el 2014, está algo camuflada, en el túnel de grafitos de Leake St, bajo la estación Waterloo.

Enseguida se notará que The Vaults apuesta por la inclusividad, tanto al garantizar el acceso a usuarios de silla de ruedas como por su oferta diversa, que incluye desde producciones familiares a otras LGTBIQ+. La iluminación es tenue para crear ambiente, y sus producciones novedosas y creativas desatan la imaginación del espectador, transportándolo a mundos inexplorados. En el **Vaulty Towers,** un bar cercano en Lower

Marsh, conservan las piezas de atrezo más excéntricas de antiguas producciones. Tiene la fachada cubierta de arte urbano, así que no es difícil de encontrar.

Sumergirse en el Sea Life ACUARIO

PLANO: 25 P. 126 A4

Junto al London Eye se encuentra el **Sea Life London Aquarium,** que ofrece un recorrido por diferentes piscinas donde viven más de 500 especies de fauna marina que harán las delicias tanto de los amantes de la vida marina como de las familias que acuden a pasar el rato. Se verán tortugas marinas, pulpos, tiburones tigre, cangrejos y anguilas a medida que se van recorriendo las diferentes zonas del acuario, entre ellas el Reino del Coral o la Aventura de la Pluviselva. No hay que perderse la hipnótica piscina de las medusas, y estaría bien coincidir con el momento en que dan de comer a los pingüinos.

En la zona Rockpool Explorer se ofrecen experiencias interactivas muy populares para los más pequeños. En el Shark Walk se paseará por una plataforma transparente viendo a los tiburones a solo unos centímetros. Y los más osados pueden bucear 15 min en una jaula entre tiburones. La visita suele durar unas 2 h. Al llegar se puede consultar el programa para conocer el programa de charlas y de horario de comidas de los animales.

En busca del libro perdido en el Southbank Centre MERCADO DE SEGUNDA MANO

PLANO: 26 P. 126 G5

Los amantes de los libros deberían recorrer la orilla hasta debajo del Waterloo Bridge, frente al bar del BFI Southbank. El **Southbank Centre Book Market** tiene 40 años de historia y una decena de puestos que desafían a los elementos entre las 10.00 y las 19.00, pues ofrecen una ecléctica colección de miles de libros de segunda mano, aunque no todos abren todos los días.

Se puede examinar la selección expuesta, comprobar el estado de cada libro y leer algún fragmento (está permitido) antes de decidirse. Los libros suelen venderse a la mitad de su precio original, y ofrecen calidad y variedad. Hay para todos los gustos, desde obras clásicas a novela moderna, e incluso mapas y cómics de colección. Es una ocasión ideal para hacer una pausa entre visitas por el South Bank. El mercado puede cerrar cuando hay eventos importantes en el BFI, por condiciones meteorológicas muy adversas o alteraciones del tráfico.

Visitar el lugar donde nació el 'skateboard' británico SKATEPARK

PLANO: 27 P. 126 G5

El **Southbank Skate Space** del Queen's Walk, junto al río, llama la atención tanto a amantes del monopatín como al resto de viandantes, con el golpeteo rítmico de las ruedas de los patines como banda sonora, pero habrá que ajustar los ojos a la oscuridad de la bóveda bajo el Southbank Centre para ver a los *skaters* hacer sus piruetas sobre bloques de cemento y barandillas, entre un caleidoscopio de arte callejero.

Este lugar es un símbolo de la vida de barrio y la expresión artística popular desde hace cinco décadas. Es un buen lugar para hacer fotos del ambiente callejero.

Cualquier patinador aficionado puede ponerse a prueba, venga de donde venga. El *skatepark* abre todo el año y está a cubierto, así que se puede patinar en cualquier momento, llueva o haga sol.

Una cena con vistas en la Oxo Tower

RESTAURANTE

PLANO: 28 P. 126 **C2**

El emblemático logo rojo de OXO acompaña cualquier paseo el Queen's Walk en dirección a la estación Blackfriars. Y si se suben los ocho pisos hasta la punta de la Oxo Tower se descubrirá un restaurante de cocina europea contemporánea, con una estrella verde Michelin, una *brasserie,* un bar y un estudio de diseño. El característico edificio era originalmente una central eléctrica que proporcionaba energía al Royal Mail, pero fue comprado por Liebig para convertirlo en la fábrica de sus cubitos de caldo Oxo, que le dieron su nombre actual. En lo alto hay unos ventanales que ofrecen una gran panorámica del South Bank y más allá, pero las vistas son aún mejores desde la terraza: conviene tenerlo en cuenta al reservar.

La *brasserie* tiene un ambiente relajado y música de *jazz* en directo por las noches, pero el restaurante ofrece un ambiente más refinado. Aunque también se puede tomar el ascensor para disfrutar de las vistas gratis.

Comida callejera en el Lower Marsh Market

MERCADO

PLANO: 29 P. 126 **C4**

Quien sienta hambre de pronto puede matar el gusanillo a 3 min de la estación Waterloo, en el Lower Marsh Market, donde se puede tomar un delicioso tentempié justo antes de asistir a una *matinée* en el Old Vic, justo enfrente.

Unos 30 puestos venden comida a buen precio en esta calle sin tráfico con mesas donde disfrutar de sus sabores cubanos, delicias nigerianas y aromáticos platos indios.

El mercado se anima especialmente las tardes de verano, con las proyecciones gratuitas de clásicos de culto del Lower Marsh Lates, el último jueves del mes. Una vez al mes se celebra también el Edible Marsh, con actividades de jardinería y arreglos florales.

Los viernes y sábados por la noche el conocido restaurante Cubana se convierte en un club de salsa al que no le falta su propia banda cubana. La entrada es gratis hasta las 23.00; después se cobra una entrada con consumición de solo 7 £. A cambio se disfrutará de una noche inolvidable de música y baile.

Un crucero por el Támesis

TRAVESÍAS EN BARCO

PLANO: 33 P. 126 **A4**

Son varios los operadores que ofrecen travesías y traslados por el río Támesis. Se puede pasar frente a la Tate Modern en un circuito panorámico oyendo historias sobre el pasado y el presente de Londres, tomar un Uber Boat o disfrutar de la emoción que supone pasar bajo el Tower Bridge en una lancha de **Thames Rocket.**

Thames Clippers (o Uber Boat) es un servicio regular con salidas cada 20 min y paradas en el South Bank, el London Eye, Bankside y el London Bridge. En la *app* de Uber se pueden ver los horarios, reservar asiento y pagar directamente, o hacer un pago *contactless* al embarcar. También se puede comprar el billete en el embarcadero, pero sale más caro. **City Cruises** ofrece cruceros temáticos, como el que incluye cena y *jazz* en directo, o el Elvis Tribute. Con el pase de 24 h se puede subir y bajar repetidamente tantas veces como se quiera.

LAS MEJORES ATRACCIONES ECONÓMICAS

Garden Museum

PLANO: 30 P. 126 **A6**

Una incursión en el arte, la jardinería, el diseño y otras actividades, cerca del Lambeth Bridge. Los jueves es gratis.

BFI Mediatheque

PLANO: 31 P. 126 **G5**

Variada muestra sobre cine y televisión que ofrece una experiencia cinematográfica única.

Florence Nightingale Museum

PLANO: 32 P. 126 **B4**

Homenaje a la obra de esta reconocida pionera de la enfermería. Está junto al St Thomas' Hospital.

'Brunch' cantando con las 'drags' en Between the Bridges

LGTBIQ+

PLANO: 34 P. 126 **F6**

Las aclamadas estrellas del programa *Drag Race* crean un ambiente íntimo y divertido durante el *brunch* con bebidas que se ofrece en el Between the Bridges, local de moda entre el London Eye y el Hungerford Bridge. Un DJ pincha música pop y *hip hop,* y se celebran competiciones de *lip sync,* con la posibilidad de ganar grandes premios.

BEBER EN UN 'PUB' DE LOS TIEMPOS DE SHAKESPEARE

El Anchor Bankside es un precioso *pub* histórico que presume de ser la única taberna junto al río que sobrevive de la época de Shakespeare. El edificio, del s. XVII, fue reconstruido en 1676 tras el Gran Incendio de Londres.

Sus características ventanas de color rojo intenso no pasan desapercibidas, y su terraza junto al río resulta muy tentadora. Si el día es frío, el interior resulta muy acogedor, con sus suelos de madera oscura, sus paredes de color azul y sus toques dorados. Sirve una amplia gama de cervezas de barril y artesanas, así como licores.

PLANO: 36 P. 126 **F2**

La entrada incluye barra libre de *prosecco* durante 1 h, pero no la comida, aunque hay un animado patio con puestos de comida, desde hamburguesas a *pizzas* o comida mexicana.

Música de calidad en plena calle

MÚSICA EN DIRECTO

PLANO: 35 P. 126 **F6**

El **South Bank Busking Pitch,** cuna de artistas desde hace tres décadas, es uno de los lugares más populares de la ciudad para ver música en la calle. No hay muchos sitios en el país donde sea legal, pero el Southbank Centre ha dispuesto varios puntos del Queen's Walk para que los músicos puedan demostrar su talento. Para obtener una licencia y poder actuar aquí durante 12 meses, los artistas deben hacer una audición en el Southbank Center, así que los espectáculos, que duran 1 h, suelen ser de calidad. Pueden encontrarse cantantes, humoristas e incluso espectáculos de magia. Tampoco es raro ver números de danza interactiva y acróbatas. Hay zonas de actuaciones cerca del London Eye y del Hungerford Bridge.

Circuito a pie por la historia afroamericana

PASEO

Entre febrero y noviembre, Black History Walks ofrece un circuito a pie de 2 h para descubrir la historia africana y caribeña de Londres en el South Bank. Explica la extraordinaria contribución de los héroes negros durante la II Guerra Mundial, permite ver cómo era África antes de ser colonizada y sigue el viaje de la generación Windrush mientras recorre lugares importantes de la zona. Estos circuitos se realizan desde hace más de 16 años, así que los guías saben de lo que hablan; además, hacen 12 rutas por la ciudad, por lo que el equipo podrá ofrecer recomendaciones fuera del South Bank.

Localizaciones en el plano de la **p. 126**

Lo mejor para...

£ Económico ££ Medio £££ Alto

Comer

Restaurantes elegantes

Hutong £££
37 H3
Platos del norte de China y *dim sum* en un ambiente con luz tenue, en la planta 33 del Shard. *11.30-24.00 lu-sa*

Hannah £££
38 A4
Lujoso restaurante japonés junto al río con un menú degustación *omakase* de temporada. *18.00-21.00 mi-do, también 12.00-15.00 vi-do*

Skylon £££
39 G5
Restaurante de cocina europea contemporánea de tres plantas sobre el Royal Festival Hall. *12.00-23.00 lu y ma, 12.00-24.00 ma-sa, hasta las 21.00 do*

Té de la tarde

Lyaness ££
40 D2
Sabores de Sri Lanka combinados con premiados cócteles en el Sea Containers Hotel. *17.00-24.00 lu-ju, 16.00-1.00 vi, 12.00-1.00 sa, 12.00-23.00 do*

The Library at County Hall £££
41 A4
Un lugar excepcional para tomar el té de la tarde: la biblioteca del Marriott, con vistas al Big Ben. *12.00-17.00*

Swan at the Globe ££
42 F2
Para darle un giro teatral al día con tés inspirados en las obras de Shakespeare. *11.30-23.00 lu-vi, 10.00-23.00 sa, 10.00-21.00 do*

Asado dominical

Anchor & Hope ££
43 D3
Gastropub cerca de la estación Southwark, que sirve enormes raciones perfectas para compartir. *11.00-23.00 lu-sa, 12.30-15.15 do*

Duke of Sussex ££
44 C4
Local de Waterloo con cerdo, ternera y pollo asados, pero también alguna opción vegana. *11.00-23.00 lu-sa, 11.00-22.30 do*

Founder's Arms ££
45 E2
Para disfrutar de unas vistas estupendas devorando patatas fritas en grasa de oca y filete de ternera. *10.00-23.00 lu-ju, 9.00-24.00 sa, 9.00-23.00 do*

'Brunch'

Green Room ££
46 H5
Brunch con barra libre de bebida los sábados. Mejor aún si es en el jardín cubierto. *12.00-23.00 ma-vi, 11.00-23.00 sa, 12.00-19.00 do*

Paradiso ££
47 C2
Brunch de fin de semana con barra libre de bebida, hamburguesas de estilo americano y su clásico pollo frito. *12.00-23.00 lu-vi, 11.00-23.00 sa, 11.00-19.00 do*

Black Penny ££
48 B3
Sirven *french toast* (torrijas) y un gran desayuno inglés, pero también platos creativos como guiso de pato crujiente. *10.00-17.00*

Comida callejera

Pabellon ££
49 G6
Frijoles negros, plátanos y arepas tradicionales de Venezuela en el South Bank Food Market. Muchas opciones veganas. *12.00-20.00 vi, 11.00-20.00 sa, 12.00-18.00 do*

Joli ££
50 G3
Platos de Singapur y Malasia (p. ej. el *beef rendang*) cocinados en olla de barro tradicional, en el Borough Market. *10.00-17.00 ma-vi 10.00-16.00 do*

Polish Deli ££
51 G6
Salchichas polacas a la barbacoa con pepinillos y cerveza en el South Bank Food Market. *11.00-20.00 vi, 10.00-18.00 sa, 12.00-18.00 do*

Vegano

Wahaca ££
52 G5
Cadena británica de cocina mexicana con una carta vegana que incluye tacos, platos grandes y contundentes postres. *12.00-22.00*

Okan ££
53 A4
Restaurante sencillo e informal con tapas y platos tradicionales japoneses. *12.00-22.00*

Ping Pong ££
54 G6
Dim sum chino recién hecho. Se escoge marcándolo en una hoja y se entrega en la mesa. Tienen un menú vegano a precio fijo. *12.00-22.00*

Para familias

Nando's £
55 C2
Es una cadena, sí, pero su pollo de estilo portugués no falla. Los menores de 10 años pueden comer por menos de 6 £. *11.30-22.00*

Giraffe £
56 G5
Restaurante junto al río con cocina del mundo y muchas opciones para niños. *9.00-22.00*

Mamuśka £
57 B4
Bar-restaurante polaco que también sirve cocina británica. En verano los niños comen gratis. *11.30-23.30*

Beber

'Pubs'

Understudy
58 H4
Local agradable en el National Theatre, con mesas junto al río. *12.00-24.00*

Hole in The Wall
59 B3
Pub de ambiente tranquilo que ofrece hasta 25 cervezas diferentes y precios asequibles (para Londres). *12.00-23.00*

Waterloo Tap
60 G6
El arco de la puerta da paso a más de una veintena de opciones de cervezas de grifo para escoger (foto dcha.). *11.00-23.00*

ANNA WATSON/ALAMY LIVE NEWS ©

Bares

Call Me Mr Lucky

61 G3

Una vez dentro del Breakfast Club, si se dice al personal "I'm here to get lucky", se accede al bar subterráneo secreto. *17.00-24.00*

Swift Borough

62 G3

A un paseo del Borough Market. Tienen un cóctel especial cada mes. *15.00-23.00 ma-vi, 13.00-24.00 sa*

Comprar

Regalos de arte y grabados

Tate Modern Shop

véase **Tate Modern** E6

La tienda de la Tate Modern, en la antigua central térmica de Bankside, tiene regalos inspirados en el arte, desde láminas a delantales, libros o ropa de moda. *10.00-17.30*

Southbank Centre Shop

63 G6

Grabados, regalos creativos y libros sobre Londres, pero también juegos, artículos para la casa y joyas. *11.30-19.00 mi-do*

Sugerencias de lugares para comer, beber y comprar en **p. 166**

Explora
Museos de Kensington

Quien quiera una postal del Londres más aristocrático, aquí la tiene. El barrio definido en 1901 como el "Royal Borough" alberga la calle más cara del Reino Unido y elegantes casas eduardianas y victorianas con inmaculados jardines. El barrio se hizo popular durante la década de 1680, cuando el rey Guillermo III compró el Kensington Palace (antes Nottingham House) para huir del aire neblinoso que rodeaba el Whitehall Palace. El prestigio que le dio al barrio la realeza atrajo a muchas familias ricas, y con el tiempo aparecieron restaurantes elegantes y tiendas caras, así como museos gratuitos de renombre mundial con unas colecciones que son tesoros, como el Victoria & Albert Museum (V&A), el Natural History Museum o el Science Museum.

Cómo desplazarse

A pie
Kensington se puede recorrer a pie fácilmente: cuando hace buen tiempo, es el mejor modo de ver las casas y las tiendas de King's Rd, así como los jardines, estanques y obras de arte de Hyde Park.

Metro, autobús y taxi
Para moverse entre las atracciones sin demasiado esfuerzo.

Bicicletas Santander
Un modo ideal de abrirse paso por el tráfico de las calles o atravesar Hyde Park por los carriles-bici. En la *app* se indica la ubicación de las estaciones.

Victoria & Albert Museum (p. 154).
JANE RIX/SHUTTERSTOCK ©

★

LO MEJOR

Visitar la catedral de la naturaleza, el **NATURAL HISTORY MUSEUM** (p. 158).

Descubrir la gran colección de bellezas del **VICTORIA & ALBERT MUSEUM** (p. 154).

Explorar las 300 000 piezas del **SCIENCE MUSEUM** (p. 162) y hacer experimentos.

Pasear por el **KENSINGTON PALACE** (p. 150), en **HYDE PARK** (p. 161).

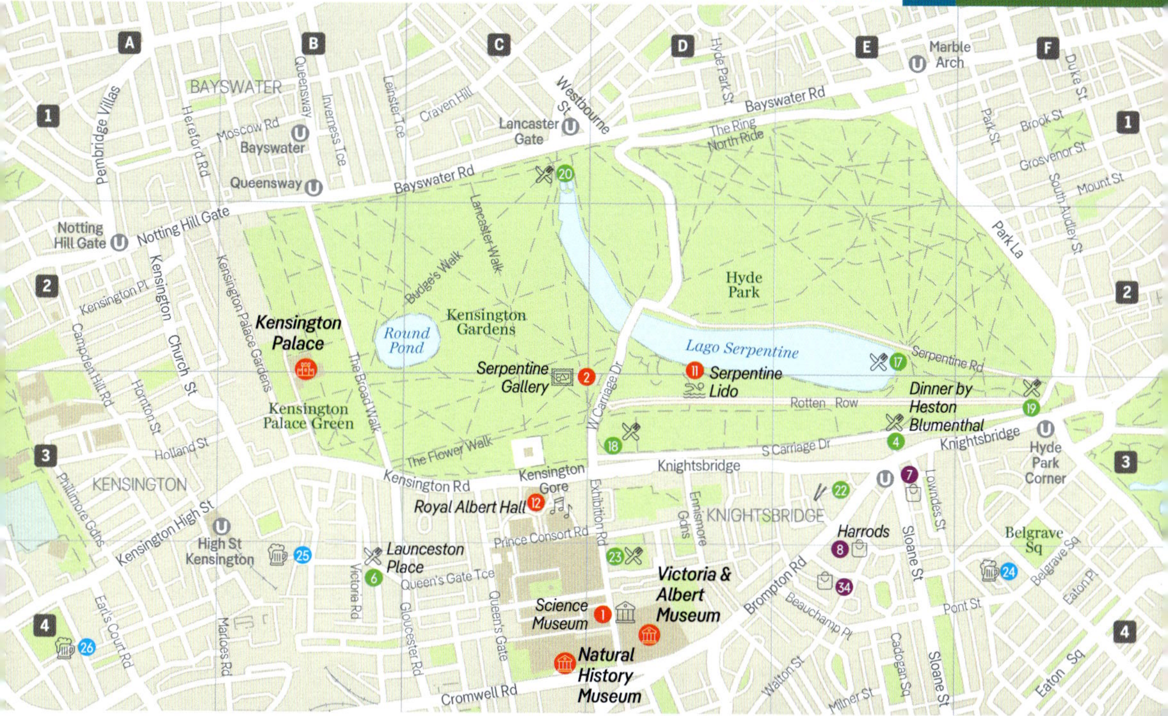
Kensington Palace
Kensington Gardens
Round Pond
Hyde Park
Lago Serpentine
Serpentine Gallery
Serpentine Lido
Dinner by Heston Blumenthal
Royal Albert Hall
Launceston Place
Science Museum
Victoria & Albert Museum
Natural History Museum
Harrods
Kensington Palace Green
BAYSWATER
KENSINGTON
KNIGHTSBRIDGE
Marble Arch
Lancaster Gate
Queensway
Bayswater
Notting Hill Gate
High St Kensington
Hyde Park Corner
Kensington Gore
Belgrave Sq
Bayswater Rd
Notting Hill Gate
Kensington Rd
Knightsbridge
Kensington High St
Park La
Cromwell Rd
Brompton Rd
Sloane St
Exhibition Rd
Prince Consort Rd
Queen's Gate
Gloucester Rd
Rotten Row
S Carriage Dr
W Carriage Dr
Serpentine Rd
The Broad Walk
The Flower Walk
Lancaster Walk
Budge's Walk
The Ring North Ride
Westbourne St
Pembridge Villas
Hereford Rd
Moscow Rd
Inverness Tce
Leinster Tce
Craven Hill
Hyde Park St
Park St
Brook St
Grosvenor St
South Audley St
Mount St
Duke St
Kensington Pl
Kensington Church St
Kensington Palace Gardens
Campden Hill Rd
Hornton St
Holland St
Phillimore Gdns
Earl's Court Rd
Marloes Rd
Victoria Rd
Queen's Gate Tce
Ennismore Gdns
Beauchamp Pl
Walton St
Milner St
Cadogan Sq
Pont St
Lowndes St
Belgrave Sq
Eaton Pl
Eaton Sq
A
B
C
D
E
F
1
2
3
4

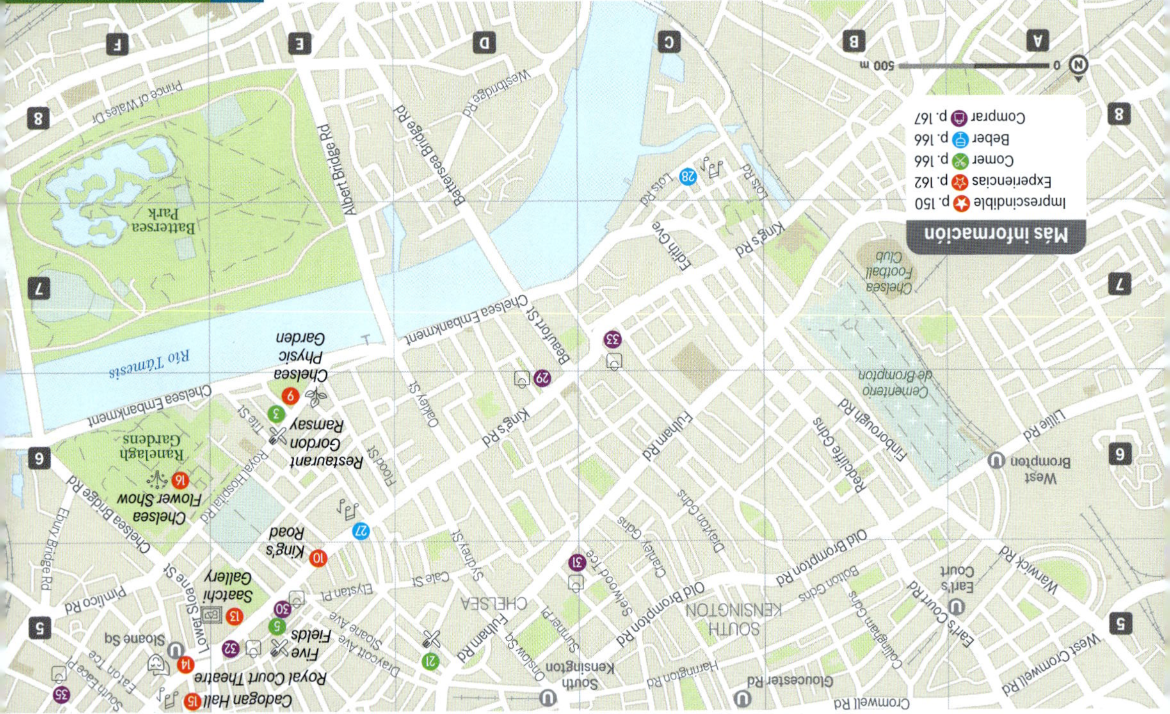
Más información
Imprescindible p. 150
Experiencias p. 162
Comer p. 166
Beber p. 166
Comprar p. 167
0
500 m
A
B
C
D
E
F
5
6
7
8
Cadogan Hall
Royal Court Theatre
Five Fields
Saatchi Gallery
King's Road
Chelsea Flower Show
Ranelagh Gardens
Restaurant Gordon Ramsay
Chelsea Physic Garden
Río Támesis
Battersea Park
Chelsea Embankment
Albert Bridge Rd
Battersea Bridge Rd
Westbridge Rd
Prince of Wales Dr
Chelsea Bridge Rd
Ebury Bridge Rd
Pimlico Rd
Sloane Sq
Lower Sloane St
Eaton Tce
South Eaton Pl
Royal Hospital Rd
Tite St
Flood St
Oakley St
Beaufort St
King's Rd
Fulham Rd
Elystan Pl
Cale St
Sydney St
Sloane Ave
Draycott Ave
CHELSEA
Onslow Sq
Sumner Pl
Selwood Tce
Cranley Gdns
Drayton Gdns
South Kensington
SOUTH KENSINGTON
Old Brompton Rd
Harrington Rd
Gloucester Rd
Cromwell Rd
Bolton Gdns
Collingham Gdns
Earl's Court Rd
Earl's Court
Warwick Rd
West Cromwell Rd
West Brompton
Lillie Rd
Redcliffe Gdns
Finborough Rd
Cementerio de Brompton
Chelsea Football Club
Edith Gve
Lots Rd

★ IMPRESCINDIBLE

Kensington Palace

Parte de esta espléndida residencia real donde han vivido varios monarcas está abierta al público, que puede pasear por sus lujosas estancias, entre ellas los majestuosos Aposentos del Rey. En la parte que no se puede visitar está la residencia oficial de los príncipes de Gales (Guillermo y Kate) y sus hijos en Londres.

PLANO: P. 148 **B2**

CONSEJO
Se puede comprar una entrada anual por 55 £, que también da acceso gratuito a la Torre de Londres, al Hampton Court Palace, al Kew Palace y a la Banqueting House.

Escanea este código QR para precios y horarios.

La escalinata del Rey

Subiendo la escalinata del Rey se disfrutará de una abrumante cantidad de retratos a tamaño natural de personajes de la corte de Jorge I, que se asoman por unos arcos realistas, bajo un techo dorado. Estas escaleras con barandas de hierro han impresionado a los elegantes visitantes de la corte durante siglos. Los 45 enigmáticos personajes que observan desde la balaustrada fueron pintados por William Kent, que se inspiró en los palacios de Roma, donde se había formado. Kent dejó un 'selfi' en el techo, donde se le puede ver con un turbante marrón y la paleta en la mano. En la entrada a los Aposentos del Rey, en lo alto de las escaleras, hay un retrato de Jorge II pintado por John Shackleton.

Aposentos del Rey

Las habitaciones más espléndidas fueron el hogar de Jorge II y la reina Carolina a partir de junio de 1927, cuando el Kensington Palace volvió a convertirse en el centro de la actividad de la corte. De las paredes tapizadas en rojo de la Galería del Rey cuelgan retratos de importantes personajes georgianos, y el techo está cubierto de lienzos que representan escenas de la vida de Ulises. Sobre la chimenea hay un cuadro de las islas Británicas con toques dorados y una rosa de los vientos, que estaba conectada a

DEAGOSTINI/GETTY IMAGES ©

una veleta del tejado, lo que permitía al rey saber de dónde soplaba el viento sin necesidad de salir. El Salón del Rey, al lado, tiene una enorme pintura ovalada en el techo, candelabros y cuadros de bordes dorados. Era uno de los lugares donde el monarca solía atender a sus visitas y donde bebían vino, jugaban a cartas e intercambiaban contactos (o cotilleos). Más impresionante aún es la preciosa Sala de la Cúpula, decorada con estatuas doradas y con un impresionante techo pintado lleno de detalles. Era donde tenían lugar los bailes de la corte, y muchos años más tarde fue donde bautizaron a la reina Victoria. El Temple of the Four Grand Monarchies (templo de las Cuatro Grandes Monarquías) alberga el reloj más imponente del palacio, decorado con detalles en plata y bronce: en su tiempo tocaba música de Händel, Geminiani y Corelli.

UNA PAUSA

En el Palace Café, a la salida del palacio, se puede probar el pastel Grand Couture y el helado de la coronación, así como otras tentaciones dulces. También se sirven sándwiches y bebidas.

ACCESO EXCLUSIVO
Pagando 1000 £ se puede disfrutar de una visita privada por la mañana, antes de la apertura, o después de cerrar, en grupos de hasta 10 personas.

Aposentos de la Reina

La parte más antigua del palacio fue residencia de los Estuardo, el rey Guillermo III y la reina María II, que escogieron este lugar como residencia campestre en 1689. Aquí las estancias son más íntimas y menos ostentosas. La Sala de Estar es donde recibía a sus visitas la reina María, y contiene exóticas colecciones de porcelana japonesa y china, tapices en las paredes y un escritorio con su hueco interior decorado con marquetería floral (donde la reina atendía su correspondencia). Para sus comidas privadas, los monarcas usaban el Comedor de la Reina, con bonitos paneles. Dicen que les gustaban mucho el pescado y la cerveza, tradición que

LYONESSEIMAGES/ALAMY STOCK PHOTO ©

se ha mantenido en el país. En la Galería de la Reina están los cuadros más importantes, junto a su colección de piezas de China, Japón y la India. Las damas de honor solían leer o bordar en esta sala, y los carlinos de la reina descansaban sobre los cojines.

Sala de las Joyas

Esta sala (foto izda.) contiene joyas encargadas para la reina Victoria por su marido Alberto, duque de Fife, incluida la resplandeciente tiara de diamantes Fife que le regaló el día de su boda con diamantes en forma de pera. Victoria solía llevar tiara en lugar de corona en los eventos a los que asistía con su marido. También solía ponerse los regalos de Alberto para mostrarse como su esposa, y no como alguien superior (aunque en realidad lo era). También hay un collar, un broche y unos pendientes de esmeraldas, que deslumbraron a los invitados y destacaron el poder de la reina en un banquete del Trinity College de Cambridge con el que se celebraba el nombramiento de Alberto como rector.

La antigua residencia de Victoria

En comparación, las salas de colores claros de la exposición "Victoria: A Royal Childhood" se ven mucho más modestas. En ellas se recrea el ambiente donde se crio Victoria durante sus primeros 18 años, incluida la cama donde nació el 24 de mayo de 1819, la casa de muñecas y las muñecas de madera con las que jugaba, junto a otras reliquias familiares. Fue aquí donde aprendió el estricto Sistema Kensington que la preparó para reinar. En 1837, tras la muerte del rey, tuvo su primera reunión de gobierno en el Salón Rojo, con 97 hombres.

CINE AL AIRE LIBRE EN LOS JARDINES DE PALACIO

El Luna Cinema, que se celebra durante cinco días de verano, ofrece la posibilidad de ver una película en los jardines, desde títulos oscarizados a clásicos de culto. Habrá que reservar, y se puede traer una manta (o alquilarla con antelación) y el pícnic. En el Luna Bar venden *prosecco*, vinos, licores y cócteles.

★ IMPRESCINDIBLE

Victoria & Albert Museum

La colección del V&A es inmensa, y abarca 5000 años. El museo tiene más de dos millones de piezas preciosas, de las que se exhiben unas 60 000. Se pueden encontrar desde alfombras centenarias de Oriente Próximo a muebles decorados e instrumentos musicales, y la entrada es gratuita.

PLANO: P. 148 **D4**

CONSEJO
Si se visita con niños, la web www.vam.ac.uk/info/families ofrece juegos digitales como el Secret Seekers para que jueguen mientras exploran, así como la ruta Curious Family.

Escanea este código QR para descargar un plano antes de la visita.

Galerías británicas (nivel 1)

Repasa 400 años de diseño británico, desde la época Tudor a la victoriana, con 3000 piezas expuestas, desde papel de empapelar a cerámica. Destaca la cama más famosa del país, la Gran Cama de Ware, la primera cama tamaño *king size* con dosel, construida para promocionar una posada de Hertfordshire en la década de 1590. Mide más de 3,3 m de largo y 3 m de ancho, y se menciona en la obra de Shakespeare *Noche de Reyes*. También se exhibe el escritorio más antiguo del edificio (1525), de Enrique VIII, forrado en cuero y decorado con miniaturas en oro.

Europa 1600-1815 (nivel -1)

Siete galerías muestran 1100 objetos de la época en que Francia era un referente en arte y diseño, como una vajilla de plata que Portugal le regaló al duque de Wellington después de que derrotara a Napoleón y liberara el país, o relojes, sillas y papel de empapelar de diseño francés de principios del s. XIX, y un traje formal de caballero de 1780. Hay juegos de té de lujo y una cama decorada, así como un clavicémbalo de 1786 pintado con escenas de *chinoiserie* y con un lacado asiático que entonces se consideraba muy exótico.

RON ELLIS/SHUTTERSTOCK ©

Galería de las Joyas (nivel 2)

Presenta 3500 joyas que abarcan 3000 años de historia, desde broches a adornos para el cabello, collares, colgantes y coronas. Destacan una placa de oro del 220-420 d.C. del período chino Wei-Jin, la corona pequeña de zafiros y diamantes de la reina Victoria, una pieza artística de conchas de cauri que hizo Lafalaise Fion, y el anillo de mariposa gigante verde de Beyoncé con el borde de diamantes diseñado por Glenn Spiro.

Galería de moldes (nivel 0)

Cuando se fundó, el museo mostraba moldes (de escayola), electrotipos y otras copias de monumentos para que pudieran estudiarse en Gran Bretaña. Aún se pueden ver réplicas del portal oeste de la catedral de Aix, en Francia, del

UNA PAUSA

Se puede tomar algo en las salas de refrigerio del museo: la Morris, con papel *arts and crafts* en las paredes; la Gamble, con molduras doradas en el techo; y la Poynter, con azulejos y ventanas emplomadas.

VISITAS NOCTURNAS
Los viernes por la noche hay muestras especiales y *performances* gratis, y se pueden visitar algunas galerías hasta las 22.00.

Tabernáculo de Bélgica y del Pórtico de la Gloria de la catedral de Santiago de Compostela, pero la de la Columna de Trajano (35,6 m de altura) es una de las piezas más sorprendentes del museo. Tuvieron que cortarla en dos para que cupiera en la galería. La réplica del *David* de Miguel Ángel provocó mucha polémica a finales del s. XIX por su desnudez, por lo que cuando acudían dignatarios le colocaban una hoja de higuera sobre sus partes.

Galería del sur de Asia (nivel 0)

La colección del sur de Asia contiene 60 000 objetos, entre ellos 10 000 piezas textiles y 6000 pinturas, desde arte del Himalaya a tocados lacados y dorados birmanos. Una de las piezas

ANTON_IVANOV/SHUTTERSTOCK ©

más populares es el *Tigre Tipu,* hecho para el sultán Tipu que gobernó Mysore en el sur de la India de 1782 a 1799. Muestra a un hombre –supuestamente un soldado europeo– atacado por un tigre. Dentro del tigre hay un órgano, y cuando se gira la manivela el hombre gime y mueve el brazo, en un movimiento agónico, reflejo de los sentimientos que inspiraba en aquel tiempo el ejército de la Compañía Británica de las Indias Orientales, que Tipu consiguió contener hasta el asedio final de Seringapatam, en 1799. Este semiautómata de madera fue hallado en el palacio de Tipu y enviado a Londres.

Colección de moda (nivel 0)

Imprescindible para los amantes de la moda: es la mayor colección de prendas de moda del mundo, con zapatos, bolsos, trajes, vestidos y accesorios que abarcan cinco siglos, desde curiosos vestidos del s. XVII a elegantes atuendos de la década de 1930, y desde prendas de la década de 1960 a las modernas Dr Martens. Se pueden encontrar bañadores de 1937, vestidos de gala y de noche, como el de terciopelo negro que llevó Jane Johnstone (1803-1847), sobrina de William Jardine, magnate de la Jardine, Matheson & Co de Hong Kong, o un chaleco de rayas finas de 1790 con bordado en hilo de seda dorado y azul, así como prendas de grandes diseñadores, desde Prada a Yves Saint Laurent.

Edad Media y Renacimiento (nivel 1)

Esta galería (foto izda.) cubre desde la caída del Imperio romano al final del Renacimiento, y alberga estatuas e imágenes religiosas, antiguos vitrales ingleses elaborados para el Winchester College, pero también obras del Renacimiento italiano, de Della Robbia, Donatello y Miguel Ángel. Destacan los cuadernos de Leonardo da Vinci.

VISITA GUIADA
Las visitas guiadas gratuitas son un modo estupendo de profundizar más en las piezas expuestas. Hay visitas temáticas, como el popular V&A Highlights Tour, que repasa lo más destacado, el Fashion Tour y el LGBTQIA+ Tour, y otras más especializadas, como el Remarkable Women Tour, el Historical Tour o el Hidden Caribbean Tour. Véanse fechas y horarios en la web.

★ IMPRESCINDIBLE

Natural History Museum

El espectacular edificio neogótico del Museo de Historia Natural alberga más de 80 millones de ejemplares. La colección de dinosaurios es una de sus principales atracciones, con restos de ejemplares de millones de años de antigüedad, así como réplicas robóticas de estas imponentes bestias del pasado.

PLANO: P. 148 **C4**

CONSEJO
Consultar el calendario de actividades sobre diferentes temas, desde muestras sobre el mayor dinosaurio del mundo, el titanosaurio *Patagotitan mayorum*, hasta charlas de expertos de los diversos campos.

Escanea este código QR para hacer una visita con audioguía de la mano de David Attenborough.

El edificio

Este fantástico edificio de ladrillo, con dos torres, con gárgolas de piedra sobre la entrada, tendría cabida en una película de *Drácula*. Fue diseñado por Alfred Waterhouse, combinando el románico con el gótico, para albergar la colección de 71 000 piezas de sir Hans Sloane.

Hintze Hall

La sala a la entrada del museo (foto dcha.) recibió su nombre de un donante muy generoso: tiene el suelo embaldosado, arcos redondeados, elaboradas columnas y una gran escalinata central rodeada de vitrales. El intrincado techo dorado, con 162 paneles pintados a mano, muestra especies de plantas de todo el globo. Y en lo alto flota el esqueleto de la mayor especie que ha vivido nunca, la ballena azul, de 25 m y 4,5 toneladas.

Galería de los Dinosaurios

Los gritos de emoción de los niños se oyen ya antes de entrar en esta galería (en la Zona Azul), que presenta dinosaurios robóticos, incluido un *Tyrannosaurus rex* muy real que hasta ruge. También hay un cráneo de tricerátops y un *Scolosaurus* entero, con su caparazón y una cola que parece un mazo. En la zona azul también hay

PIO3/SHUTTERSTOCK ©

peces, anfibios y reptiles, además de mamíferos enormes (desde una maqueta de una ballena azul nadando con delfines y marsopas a grandes felinos), un canguro disecado (con su cría en el bolsillo), osos polares y musarañas enanas. Entre las especies extintas se incluye el tigre dientes de sable.

Darwin Centre

Este edificio nuevo, donde científicos e investigadores estudian los especímenes, alberga 20 millones de animales, entre ellos un pulpo recogido por Charles Darwin en Cabo Verde en 1832 y un 'i'iwi *(Drepanis coccinea)* recogido en Hawái entre 1778 y 1779 en uno de los viajes del capitán James Cook. Los circuitos entre bastidores permiten ver reptiles, peces y mamíferos conservados en frascos.

UNA NOCHE EN EL MUSEO
El museo organiza dos sesiones Dino Snores (uno para padres con niños y otro solo de adultos), que permiten visitar el museo de noche y dormir en la Hintze Hall.

CIRCUITO A PIE

Los tesoros de Kensington

Con este recorrido por el barrio más elegante de Londres se verán casas eduardianas y majestuosos edificios. Se pasa por el histórico Hyde Park –en su día coto de caza de Enrique VIII, y hoy un agradable espacio verde con cafés, estanques e instalaciones artísticas– y se acaba visitando unos grandes almacenes emblemáticos.

INICIO	FINAL	DURACIÓN
Metro South Kensington	Harrods	7,2 km; 3-4 h

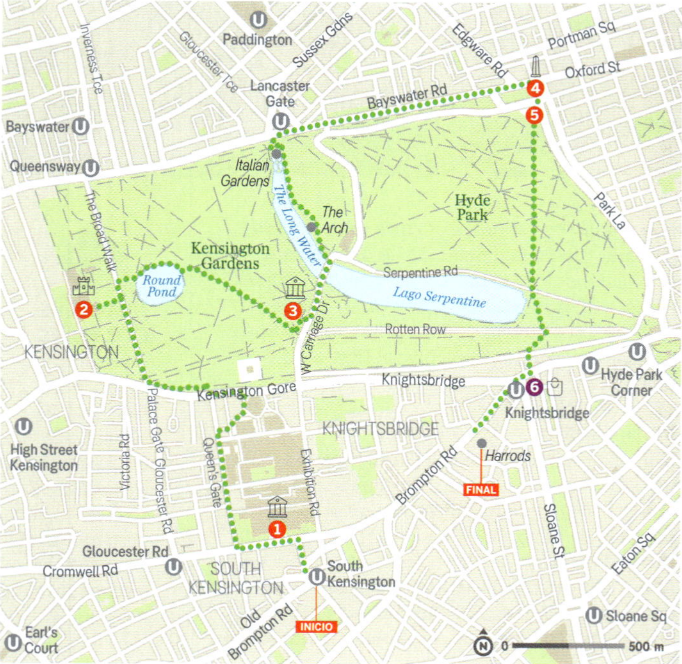

1 Majestuosos edificios

La ruta empieza dirigiéndose al edificio neogótico del **Natural History Museum,** con 80 millones de especímenes protegidos tras una entrada que parece la de una fortaleza. Unas gárgolas de piedra observan a todo el que pasa. En el Hintze Hall se podrá admirar su grandeza, al más puro estilo Hogwarts, con sus arcos redondeados y su escalinata central. Al norte se encuentra el imponente Royal Albert Hall, construido como tributo a Alberto, esposo de la reina Victoria, en 1871.

2 Parques para la realeza

Se entra en **Hyde Park** para cruzarlo hacia el oeste, hasta el **Kensington Palace,** antigua residencia del príncipe Guillermo (hijo de Carlos III y heredero al trono), su esposa e hijos. Tras echar un vistazo al palacio se puede visitar el jardín en recuerdo de la princesa Diana, para luego dar un rodeo al estanque hasta la Serpentine Gallery.

3 Arte moderno de primera

Las instalaciones de arte moderno de la **Serpentine Gallery** suponen un desafío para los sentidos. Cruzando el lago Serpentine, de 16 Ha, se verá el imponente arco de 6 m de Henry Moore, y más allá los elegantes Italian Gardens, regalo del príncipe Alberto a la reina Victoria.

4 Un arco majestuoso

Siguiendo hacia el este, bordeando el extremo norte del parque, se llega al colosal **Marble Arch,** arco de mármol de Carrara blanco y gris de 14 m de altura y 19 m de anchura que durante 17 años fue la puerta de entrada al palacio de Buckingham. Se trasladó a su ubicación actual, en Hyde Park, en 1851, y se usó como entrada a la Gran Exposición promovida por el príncipe Alberto.

5 Un rincón para hablar sin tapujos

El **Speakers' Corner,** a tiro de piedra del Marble Arch, es un lugar donde cualquiera puede dar un discurso sobre lo que quiera, siempre que no vaya contra la ley. Cerca de allí estaban las Tyburn Gallows, patíbulo donde se ejecutaron a 50 000 personas entre 1196 y 1783. Todos los condenados tenían derecho a decir lo que quisieran antes de morir.

6 Grandes almacenes de lujo

En Kensington se encuentran algunas de las tiendas más lujosas del mundo, como **Harvey Nichols,** de siete plantas, con sus espléndidos escaparates. Más al sur está **Harrods,** iluminado como un árbol de Navidad. Contiene más de 330 departamentos repartidos por más de 90 000 m^2.

EXPERIENCIAS

Hacer experimentos en el Science Museum MUSEO

PLANO: 1 P. 148 **D4**

Es fácil pasar un día entero en las cinco plantas del Science Museum, entre apasionantes muestras interactivas y didácticas que abarcan desde los relojes antiguos a un trozo de luna recogido en la misión del *Apolo 15*. En el Wonderlab hay diversión para todas las edades, con 50 experiencias de ciencia interactivas, desde descubrir el poder de la electricidad al funcionamiento de las ondas sonoras. Lo más destacado es la sala Exploring Space, que permite descubrir todo lo que queda fuera de nuestro planeta –incluido el módulo lunar "Eagle" del *Apolo 11,* que aterrizó en la Luna en 1969 con los astronautas Neil Armstrong y Buzz Aldrin a bordo–. La Wellcome Collection contiene 3000 piezas curiosas del mundo de la medicina, desde antiguas herramientas para diseccionar a piernas ortopédicas y penicilina, y la exposición "Secret Life of the Home" explica cómo usamos la ciencia en el día a día.

Arte moderno gratis en la Serpentine Gallery GALERÍA

PLANO: 2 P. 148 **C3**

La Serpentine Gallery, repartida entre Serpentine North y Serpentine South, en Hyde Park, es un espacio de arte contemporáneo gratuito que ha acogido obras de grandes nombres como Henry Moore, Andy Warhol, Jeff Koons, Andreas Gursky, Damien Hirst o Tomoko Takahashi. El edificio sur ocupa un antiguo pabellón de té de 1930, mientras que el norte está en un antiguo almacén de pólvora de 200 años, antes conocido como The Magazine, que ahora alberga la impresionante ampliación y café diseñados por la ya fallecida arquitecta británico-iraquí Zaha Hadid. Hadid diseñó también el primer "Summer Pavilion", pabellón de verano que se abre al público de junio a octubre. La galería acoge charlas, lecturas y talleres, y exposiciones temporales.

Olvidarse del presupuesto con una cena 'gourmet' ALTA COCINA

Algunos de los mejores chefs del planeta tienen elegantes restaurantes en Kensington, donde sirven sus elaboradas creaciones. Entre ellos destaca el **Restaurant Gordon Ramsay** (PLANO: 3 P. 148 **E6**), con tres estrellas Michelin que conserva desde el 2001, y que sirve unos platos impresionantes en su menú degustación "Prestige", además de un menú vegetariano, una rareza en este tipo de restaurantes. El **Dinner by Heston Blumenthal** (PLANO: 4 P. 148 **E3**), con dos estrellas Michelin, es otro Goliat gastronómico de la zona, en el Mandarin Oriental Hyde Park. El **Five Fields** (PLANO: 5 P. 148 **E5**), con una estrella Michelin, está en Blacklands Tce; lo gestiona Taylor Bonnyman, que usa ingredientes frescos de su huerta de Sussex. Para disfrutar de una experiencia gastronómica europea moderna 'superchic' se puede visitar el **Launceston Place** (PLANO: 6 P. 148 **B4**), donde solía cenar la princesa Diana, dirigido por el innovador chef Ben Murphy, que crea menús degustación de temporada.

Visita a los grandes almacenes más importantes COMPRAS

Harvey Nichols (PLANO: 7 P. 148 **E3**), o "Harvey Nicks", tal como se lo conoce en Londres, es un glamuroso templo a las marcas de lujo, y sus escaparates son legendarios. El edificio tiene más de 20 000 m² repartidos en siete plantas. Está a solo una travesía de las luces de **Harrods** (PLANO: 8 P. 148 **E4**), su eterno rival. Harrods consigue trazar una fina línea entre varios conceptos: un destino turístico, un vistoso centro comercial y un elegante centro de restauración. Sus 330 departamentos ocupan más de 90 000 m² en los que hay de todo, desde perfumes exclusivos a extravagantes prendas de cualquier diseñador que tenga nombre. La fantasiosa "escalera egipcia", en el centro del edificio, anuncia la llegada a cada planta con imágenes de faraones.

Un jardín de plantas medicinales en Chelsea JARDÍN

PLANO: 9 P. 148 **E6**

El Chelsea Physic Garden, de 16 000 m², fue creado por la Worshipful Society of Apothecaries en 1673 para estudiar las propiedades curativas de las plantas. Contiene unas 5000 especies comestibles y medicinales, algunas de las cuales siguen usando los indígenas de América del Norte, Australia, China, la India y Nueva Zelanda, entre otros. Se organizan talleres sobre arte, plantas carnívoras o identificación de plantas tropicales, por ejemplo, pero también es un lugar perfecto para relajarse, leer un libro o apuntarse a una sesión de yoga u otra experiencia de relajación (información actualizada en la página web). Lo miércoles de agosto se amplía el horario (conviene comprar las entradas con antelación). El **Physic Garden Café** sirve el té de la tarde, almuerzos y pastas.

NADAR O NAVEGAR POR EL LAGO SERPENTINE

El Serpentine es el lago navegable más antiguo de Londres, creado entre 1730 y 1733, y cuenta con botes de remos y con una playa para nadar. El **Serpentine Lido** lleva abierto desde la década de 1930, y ocupa un espacio de 100 m separado del cuerpo principal del lago. Es popular en verano, pero en Navidad los miembros del Serpentine Swimming Club también se dan un chapuzón helado ante sus espectadores.

PLANO: 11 P. 148 **D2**

Recorrer la famosa King's Road CALLE EMBLEMÁTICA

PLANO: 10 P. 148 **E5**

Desde Led Zeppelin a Enrique VIII, Mary Quant o Margaret Thatcher (que vivió aquí justo antes de ascender al poder), King's Road, en Chelsea, ha jugado un importante papel en la historia de Londres. Esta calle de algo más de 3 km se llamó así en honor al rey Carlos II, ya que en principio era una vía privada para que el monarca pudiera desplazarse entre los palacios de St James y Hampton Court. En la década de 1960 se convirtió en un rincón bohemio, de moda innovadora y música anarquista. En 1955 la diseñadora británica Mary Quant abrió una tienda en la calle y de pronto las minifaldas llegaron a todo el mundo. Se llenó de *boutiques* independientes y se convirtió en lugar de encuentro de artistas, desde los Beatles a David Bowie. Incluso James Bond, el personaje de Ian Fleming, tenía un piso junto a King's Rd.

Hoy muchos de los que marcan tendencia en Londres se han trasladado al este y King's Rd ha atraído a un público adinerado con sus *boutiques* de diseño y sus tiendas especializadas, pero aún se ven las huellas de la moda rompedora y la música anarquista que le dieron fama.

Asistir a un concierto en el Royal Albert Hall AUDITORIO HISTÓRICO

PLANO: 12 P. 148 **C3**

Este enorme edificio redondo de ladrillo fue construido como tributo al marido de la reina Victoria en 1871, y alberga un anfiteatro, un tragaluz abovedado con vitrales y un interior decorado en rojos profundos y dorados. Ha acogido todo tipo de eventos: un memorial a Arthur Conan Doyle, espectáculos de Ford Motor, reuniones del Women's Institute y de Stonewall Equality, convenciones de *La guerra de las galaxias* e incluso conciertos durante la II Guerra Mundial (con John Gielgud, Vera Lynn, George Formby y Laurence Olivier). En los últimos tiempos es más conocido por sus conciertos de música clásica y las retransmisiones de los BBC Promenade Concerts (The Proms), conciertos diarios celebrados entre julio y septiembre.

Contemplar arte con garra en la Saatchi Gallery ARTE CONTEMPORÁNEO

PLANO: 13 P. 148 **E5**

Cerca de King's Rd está la moderna Saatchi Gallery, creada como organización benéfica por el polémico magnate de la publicidad iraquí-británico Charles Saatchi, que promocionó a artistas británicos como Damien Hirst, Tracey Emin, Sarah Lucas y Gavin Turk, y que aún sigue presentando arte moderno de jóvenes artistas. En el pasado ha acogido la exposición de arte urbano "Beyond the Streets", con 100 artistas internacionales, la "America in Crisis", con conmovedoras fotografías desde la década de 1960 hasta ahora, o la "Want the World to Know", de Michael

Forbes, con esculturas de vanguardia que tratan temas como la política racial y la migración. Sus 20 000 m^2, repartidos en tres plantas, ocupan lo que fue el cuartel general del duque de York.

Ver 'teatro rebelde' en el Royal Court Theatre

TEATRO

PLANO: 14 P. 148 **F5**

El Royal Court Theatre inició su trayectoria como espacio rebelde en 1870 con el nombre de New Chelsea Theatre. Acogió muchas de las primeras obras de W. S. Gilbert, entre ellas la adaptación de *Grandes esperanzas* de Charles Dickens y *The Happy Land,* que causó una gran polémica en 1873 al romper con la regla de la época de no representar a personajes públicos, en este caso el primer ministro y los ministros de Finanzas y de Obras Públicas. Es famoso por sus actuaciones provocadoras y libretos potentes; *The Rocky Horror Show,* por ejemplo, se escribió tras los disturbios de Stonewall y se representó en el Royal Court en junio de 1973.

Oír a la Royal Philharmonic Orchestra

SALA DE CONCIERTOS

PLANO: 15 P. 148 **F5**

El curioso techo, la excelente acústica y los vitrales del **Cadogan Hall** (antes una iglesia) son la sede de la **Royal Philharmonic Orchestra,** que tiene un amplio repertorio, desde el *Concierto para violín* de Jean Sibelius a *Madre ganso* de Maurice Ravel. El auditorio, de 950 plazas, también acoge conciertos de *jazz,* música de bandas, popular, coros y otros géneros. También ha sido sede secundaria de los BBC Proms, normalmente celebrados en el Royal Albert Hall.

Embriagarse con el olor a flores

FESTIVAL

PLANO: 16 P. 148 **F6**

El **Chelsea Flower Show** se celebra en Chelsea desde 1912, cuando lo llamaban Great Spring Show. Dura cinco días y atrae a amantes de la jardinería de todo el orbe a los jardines del Royal Hospital Chelsea. Las exposiciones cambian cada año, pero siempre gustan y sorprenden. También sirve para llevarse a casa lo más moderno para el jardín, de herramientas a flores.

CHELSEA EN FLOR

En primavera, los escaparates, restaurantes y hoteles de King's Road, Sloane Square y Duke of York Square se engalanan con flores, durante el festival gratuito Chelsea in Bloom. La temática cambia cada año, y cada local tiene la oportunidad de ganar en las categorías de mejor escaparate, premio popular, innovación o mención especial. Se pueden recorrer todos siguiendo una ruta a pie (planos en chelseainbloom.co.uk) o con un circuito en rickshaw.

SUGERENCIAS

Lo mejor para...

£ Económico ££ Medio £££ Alto

Localizaciones en el plano de la **p. 148**

Comer

Junto al lago

Serpentine Bar and Kitchen £
17 E2
En un edificio diseñado en 1964 por Patrick Gwynne, sirve *pizzas* al horno, *fish and chips* y ensaladas. *8.00-16.00 lu-vi, 8.00-17.00 vi y sa*

Serpentine Lido Café ££
véase 11 D2
Platos sofisticados, como la gallina de Cornualles al limón o el pollo marinado con hierbas y brócoli. *8.30-17.30*

Cafés en los parques

Kensington Palace Café £
véase Kensington Palace B2
Mostrador cerca de la entrada al palacio con bocadillos y bebidas. *10.00-16.00 mi-do*

Park Sports Café £
18 D3
Junto a las pistas de tenis de Hyde Park; sirven sándwiches para llevar y un excelente café Union. *5.00-17.00*

Lodge Café £
19 F3
Sopas, ensaladas y sándwiches en el interior del edificio catalogado de la oficina de turismo del Hyde Park Corner. *8.00-19.00*

Italian Gardens Cafe ££
20 C1
Tablas de embutidos y de quesos en una terraza con vistas a las fuentes de Hyde Park. *7.30-16.00 lu-vi, 8.00-16.00 sa y do*

Cenas elegantes

Claude Bosi £££
21 D5
Platillos presentados como obras de arte en miniatura en la sede de Michelin en Londres. *12.00-15.00 y 17.30-21.45*

Bibendum Oyster Bar £££
véase 21 D5
Marisquería en un antiguo garaje reconvertido, con comedor en el antiguo almacén de neumáticos. *Almuerzo 12.00-15.00 lu-vi, 12.00-15.45 sa y do, cena 17.30-21.45*

Zuma £££
22 E3
Moderno restaurante japonés con *sushi* de lujo, liderado por el chef Rainer Becker, que ha trabajado para el Hyatt y ha vivido en Tokio. *12.00-15.00 y 18.00-23.00*

Ognisko £££
23 D4
Bonito restaurante en una casa independiente convertida en club social. Platos sin pretensiones en un entorno opulento. *12.00-14.45 y 17.30-21.45*

Beber

'Pubs' históricos

The Star
24 F4
Donde se planeó el famoso asalto al tren postal de 1963. *12.00-23.00 lu-sa, 12.00-21.00 do*

Builders Arms

25 B4

Local de obreros convertido en *gastropub*. Los albañiles han dejado paso a un público joven de clase alta. *12.00-23.00 lu-sa, 12.00-22.30 do*

Scarsdale Tavern

26 A4

Pub clásico con chimenea. Lo construyeron como residencia para los oficiales de Napoleón cuando conquistaran Gran Bretaña... lo que nunca ocurrió. *12.00-23.30*

'Jazz' en directo

Pheasantry

27 E6

Noches de cabaré y *jazz* a diario en un edificio histórico de King's Rd. *18.30-23.00*

606 Club

28 C8

Jazz en directo en un local subterráneo donde se cena en mesas de mantel blanco. Con reserva. *18.30-22.30 do-ju, 19.00-23.30 vi y sa*

Elgar Room Brasserie

véase 12 C3

En la 3ª planta del Royal Albert Hall. El Elgar sirve copas todas las noches y los jueves por la noche hay *jazz* en directo. *17.30-23.00*

Comprar

Regalos únicos

Limelight Movie Art

29 D6

Santuario para cinéfilos, con pósteres de colección para quien quiera pagar el precio. *11.00-18.00 lu-sa, 12.00-17.00 do*

John Sandoe Books

30 E5

Librería que bien podría estar en el Callejón Diagon de *Harry Potter*. *9.30-17.30 lu-sa*

Peter Harrington

31 D5

Primeras ediciones (incluso una en rústica del *Harry Potter y la piedra filosofal* de J. K. Rowling), el *Dr. No* de Ian Fleming y grabados de Warhol, Picasso o M. C. Escher. *10.00-19.00 lu-vi, 10.00-18.00 sa*

Kensington Palace Shop

véase Kensington Palace B2

Recuerdos *kitsch* con banderas británicas, broches, plumas, jarras conmemorativas de la coronación y muchas otras piezas decorativas con motivos reales. Incluye reproducciones de acuarelas de los jardines del palacio. *10.00-18.00 mi-do*

Grandes almacenes

Peter Jones

32 E5

Estos grandes almacenes de estilo clásico ocupan toda una manzana de King's Rd y son un lugar estupendo para comprar regalos únicos. *10.00-19.00 lu-sa, 11.30-18.00 do*

Moda y belleza

Worlds End

33 C7

La diseñadora Vivienne Westwood revolucionó el mundo de la moda en la década de 1970 desde su tienda de King's Rd. *10.00-18.00 lu-sa*

Church's

34 E4

Empezaron en 1873, y son de los pocos que siguen elaborando zapatos clásicos y modernos a mano. *10.30-19.00 lu-vi, 11.00-17.00 do*

Jo Loves

35 F5

La tienda insignia de Jo Malone abrió en Knightsbridge en el 2013. Hoy sus velas y sus fragancias se encuentran por todo el mundo. *10.00-18.00 lu-sa, 12.00-17.00 do*

Sugerencias de lugares para comer, beber y comprar en **p. 188**

Explora
Hampstead Heath y Camden

En el norte de Londres hay mercados populares a un paso de elegantes casas georgianas y de restaurantes que usan especias de todos los rincones del mundo. No abundan las grandes atracciones, pero los parques, los museos y los teatros tienen su encanto. Visitantes y vecinos respiran aire fresco en grandes zonas verdes, los artistas encuentran espacios de vanguardia para exhibir su obra, y en Camden los amantes de la música en directo cuentan con locales que presentan música de todos los géneros todos los días de la semana. El norte de Londres es el lugar ideal para salirse de la ruta turística.

Cómo desplazarse

Metro
Es muy práctico, pero quizá para ir de un sitio a otro haya que pasar de nuevo por el centro de la ciudad.

Overground
El Overground viaja de este a oeste y comunica algunos de los grandes barrios del norte, como Islington, Camden y Hampstead.

Autobús
Los autobuses llegan adonde no llegan otros medios, y son uno de los medios más económicos, aunque cuando hay tráfico pueden ser lentos.

Camden High Street.
JONO PHOTOGRAPHY/SHUTTERSTOCK ©

★

LO MEJOR

Explorar los cientos de puestos del **CAMDEN MARKET** (p. 179).

Pasear por los enormes bosques de **HAMPSTEAD HEATH** (p. 172).

Recorrer los antiguos canales y caminos de sirga del **REGENT'S CANAL** (p. 182).

Visitar los jardines de **REGENT'S PARK** (p. 176), con un mar de rosas y un zoo de primera.

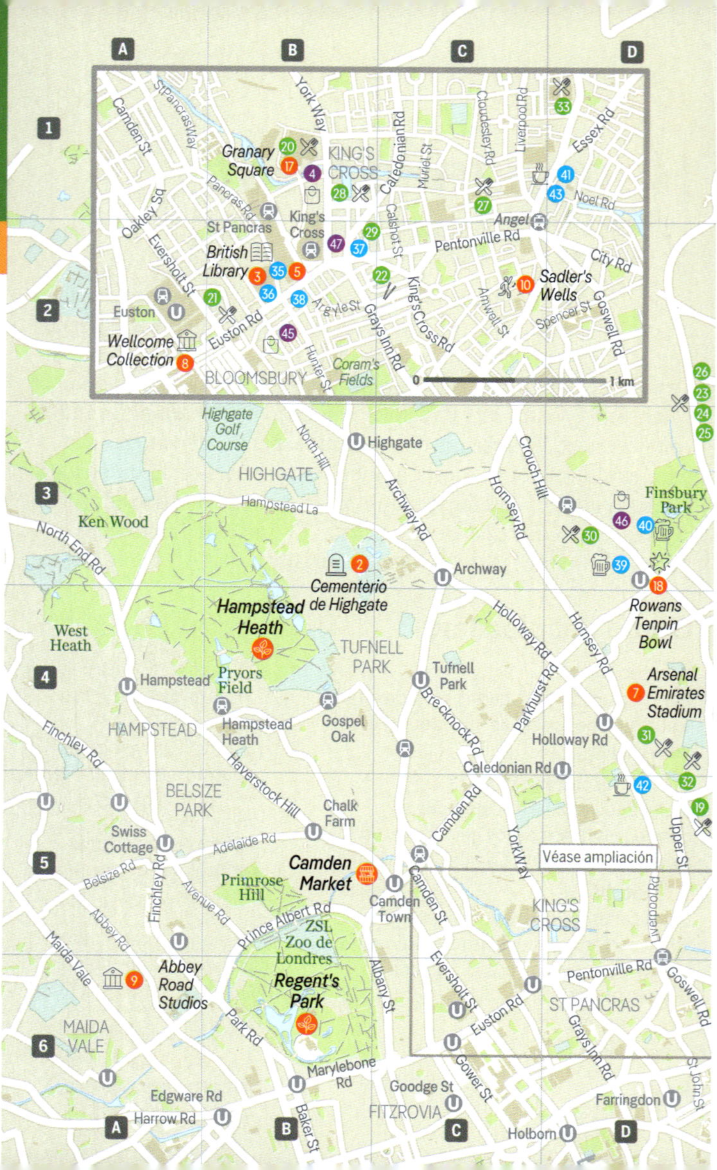
A
B
C
D
1
2
3
4
5
6
Granary Square
KING'S CROSS
King's Cross
St Pancras
British Library
Euston
Wellcome Collection
BLOOMSBURY
Coram's Fields
Angel
Sadler's Wells
Camden St
St Pancras Way
York Way
Caledonian Rd
Muriel St
Cloudesley Rd
Liverpool Rd
Essex Rd
Noel Rd
Pentonville Rd
City Rd
Calshot St
Pancras Rd
Oakley Sq
Eversholt St
Euston Rd
Argyle St
Hunter St
Grays Inn Rd
King's Cross Rd
Amwell St
Spencer St
Goswell Rd
0
1 km
Highgate Golf Course
HIGHGATE
Highgate
North Hill
Archway Rd
Crouch Hill
Hornsey Rd
Finsbury Park
Hampstead La
Ken Wood
North End Rd
Cementerio de Highgate
Hampstead Heath
Archway
Holloway Rd
Hornsey Rd
Rowans Tenpin Bowl
West Heath
TUFNELL PARK
Tufnell Park
Brecknock Rd
Parkhurst Rd
Arsenal Emirates Stadium
Hampstead
Pryors Field
HAMPSTEAD
Hampstead Heath
Gospel Oak
Holloway Rd
Caledonian Rd
Finchley Rd
BELSIZE PARK
Haverstock Hill
Chalk Farm
Camden Rd
York Way
Upper St
Swiss Cottage
Adelaide Rd
Véase ampliación
Belsize Rd
Finchley Rd
Avenue Rd
Primrose Hill
Camden Market
Camden Town
Camden St
KING'S CROSS
Liverpool Rd
Abbey Rd
Prince Albert Rd
ZSL Zoo de Londres
Maida Vale
Abbey Road Studios
Regent's Park
Albany St
Eversholt St
Pentonville Rd
Goswell Rd
Euston Rd
ST PANCRAS
Grays Inn Rd
Park Rd
MAIDA VALE
Marylebone Rd
Goodge St
Gower St
St John St
Edgware Rd
Farringdon
Harrow Rd
Baker St
FITZROVIA
Holborn

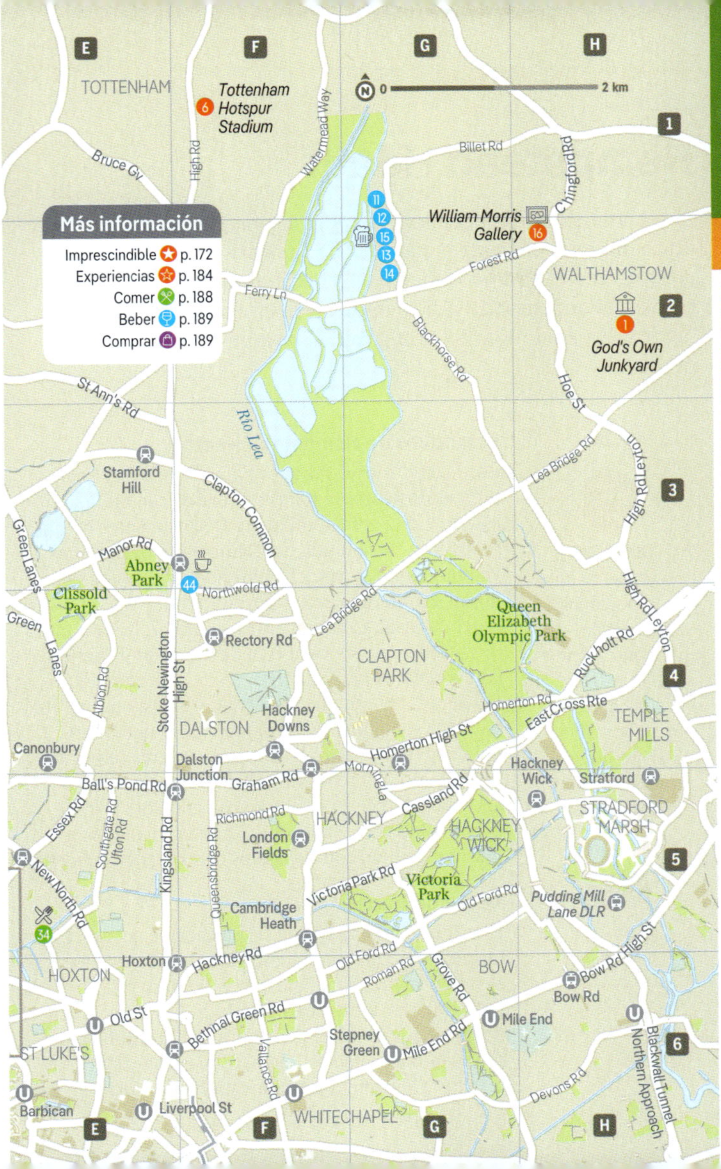
E
F
G
H
1
2
3
4
5
6
0
2 km
TOTTENHAM
Tottenham Hotspur Stadium
6
High Rd
Bruce Gv
Watermead Way
Billet Rd
Chingford Rd
William Morris Gallery
16
11
12
15
13
14
Forest Rd
Ferry Ln
WALTHAMSTOW
God's Own Junkyard
1
Más información
Imprescindible p. 172
Experiencias p. 184
Comer p. 188
Beber p. 189
Comprar p. 189
Blackhorse Rd
Hoe St
St Ann's Rd
Río Lea
Lea Bridge Rd
High Rd Leyton
Stamford Hill
Clapton Common
Green Lanes
Manor Rd
Abney Park
44
Northwold Rd
Clissold Park
Green Lanes
Rectory Rd
Lea Bridge Rd
Queen Elizabeth Olympic Park
Ruckholt Rd
CLAPTON PARK
Albion Rd
Stoke Newington High St
DALSTON
Hackney Downs
Homerton Rd
East Cross Rte
TEMPLE MILLS
Canonbury
Dalston Junction
Homerton High St
Hackney Wick
Stratford
Ball's Pond Rd
Graham Rd
Morning La
Cassland Rd
STRADFORD MARSH
Essex Rd
Southgate Rd
Ufton Rd
Kingsland Rd
Queensbridge Rd
Richmond Rd
London Fields
HACKNEY
HACKNEY WICK
New North Rd
Victoria Park Rd
Victoria Park
Old Ford Rd
Pudding Mill Lane DLR
34
Cambridge Heath
HOXTON
Hoxton
Hackney Rd
Old Ford Rd
Roman Rd
Grove Rd
BOW
Bow Rd
High St
Bow Rd
Old St
Bethnal Green Rd
Stepney Green
Mile End
Mile End Rd
ST LUKE'S
Vallance Rd
Northern Approach
Blackwall Tunnel
Devons Rd
Barbican
Liverpool St
WHITECHAPEL

★ IMPRESCINDIBLE

Hampstead Heath

El "Heath", como se lo conoce popularmente, ofrece algo diferente a muchos otros parques de Londres, sobre todo los parques reales con delicados parterres y cuidadas zonas de césped. Hampstead Heath es naturaleza en estado puro, un lugar salvaje e indómito, con grandes bosques y ondulantes prados.

PLANO: P. 170 **B4**

CONSEJO
Aunque es un lugar espléndido todo el año, en verano acoge más eventos, desde conciertos gratuitos o cine al aire libre a rutas naturales guiadas.

Escanea este código QR para ver el sendero luminoso multisensorial de Navidad en la Kenwood House, reservar con antelación.

Estanques de Hampstead Heath

Los legendarios estanques para el baño del Heath, escondidos entre el follaje, se excavaron en los ss. XVII y XVIII como embalses. Décadas antes de que se extendiera la moda del "baño en la naturaleza" ya recibían a un número limitado de adeptos que les atribuían un efecto rejuvenecedor, y que en muchos casos nadaban entre los patos. Los estanques tienen al menos 100 m de longitud y cuentan con corcheras para quien necesite descansar entre brazadas. Aunque hay socorristas, se espera que los bañistas sean buenos nadadores. Hay dos estanques separados, para hombres y mujeres (abiertos todo el año) y uno mixto (abierto solo en verano); los niños deben tener al menos ocho años e ir acompañados de un adulto. El agua se analiza a diario y cumple con rigurosos controles de calidad.

Kenwood House

Esta imponente mansión neoclásica del s. XVII restaurada alberga una magnífica colección de arte y es de visita gratuita. Está sobre un risco en el extremo norte de Hampstead Heath, rodeada de 45 Ha de bucólicos jardines diseñados por Humphry Repton y un magnífico estanque. En la casa vivieron el juez lord Mansfield y su sobrina nieta Dido Belle,

FELA SANU/SHUTTERSTOCK ©

antes de que el magnate cervecero Edward Guinness la comprara y se la regalara al Estado. Dentro de las salas de época, con enormes ventanales y cortinas de terciopelo, hay grandes obras de Constable, Turner, Gainsborough y Vermeer, así como el *Autorretrato con dos círculos* de Rembrandt. En la planta superior está la Suffolk Collection, con retratos de la época jacobina obra de William Larkin. La Gran Biblioteca, en tonos rosa pastel y azul cielo y pinturas en el techo abovedado, es magnífica.

Parliament Hill

Desde lo alto de esta colina de 98 m se disfruta de una amplia panorámica de la ciudad, con el palacio de Westminster a lo lejos. Se dice que Guy Fawkes y Robert Catesby, que planearon un atentado contra el Parlamento el 5 de noviembre de 1605, iban a

UNA PAUSA
Highgate Village, en el extremo norte de Hampstead Heath, es ideal para tomar café y ver tiendas, o para visitar algún *pub* antiguo con vigas bajas, suelos de madera y chimenea.

JARDÍN DE LA COLINA Y PÉRGOLA

En primavera, las glicinas llenan de color lila esta pérgola (foto abajo), al noreste del parque. Las vistas son estupendas.

verlo volar por los aires desde este lugar. Ahora la gente acude a ver los fuegos artificiales esa misma noche, en celebración del fracaso de su conspiración. El lugar aparece en la película *Diario de un escándalo* (2006), con Judy Dench y Cate Blanchett, y el *thriller* psicológico *No confíes en nadie* (2014), protagonizado por Nicole Kidman. También fue el escenario del primer English National Cross Country Championships (Campeonato Nacional Inglés de Campo a Través), competición que vuelve a este lugar cada pocos años, a finales de enero o principios de febrero.

CHRISDORNEY/SHUTTERSTOCK ©

Parliament Hill Lido

En el extremo sur de Hampstead Heath hay una enorme piscina exterior no climatizada (60 x 27 m) conocida como Hampstead Heath Lido. Se inauguró en 1938, y fue diseñada en estilo *art déco,* popular en la época, por H. A. Rowbotham y T. L. Smithson, a imagen de las piscinas de Brockwell Park y Victoria Park. La idea era que las estructuras bajas absorbieran al máximo la luz del sol y el calor. El agua suele estar fría, salvo en pleno verano, pero hay una sauna para atemperarse tras el baño, duchas de agua caliente y una cafetería para tomar té, café y unos estupendos faláfels.

Keats House

El célebre poeta romántico John Keats vivió en la Keats House, conocida como Wentworth Place, entre 1818 y 1820, antes de morir de tuberculosis a la edad de 25 años. Aquí escribió muchos de sus poemas más famosos, como *Oda a una urna griega* y *Oda a un ruiseñor*. Fue aquí también donde se enamoró de su vecina, Fanny Brawne, que luego sería su prometida. Se pueden leer fragmentos de cartas que se enviaba la pareja cuando Keats estaba enfermo, visitar las nueve habitaciones con poco mobiliario pero con carácter, donde aún hay un sofá cama junto a una ventana desde la que el poeta miraba el jardín. En una de las vitrinas está el anillo de compromiso que Keats le dio a Brawne, junto a sus gafas de lectura y algunas joyas. En 1820 Keats viajó a Roma en busca de un clima más cálido que le ayudara a curarse; nunca regresó.

THE SPANIARDS INN

Este solitario *pub* de 1585 se encuentra en un extremo del Heath, entre Hampstead y Highgate. Se dice que es donde Dick Turpin perpetraba sus atracos, y aparece en *Los papeles póstumos del club de Pickwick,* de Charles Dickens, y en *Drácula,* de Bram Stoker. Es un local con techos bajos, muebles antiguos y muchos recovecos donde tomarse una pinta.

★ IMPRESCINDIBLE

Regent's Park

El antiguo coto de caza del rey Enrique VIII lleva el nombre del príncipe regente (que después sería el rey Jorge IV) y es uno de los espacios públicos más atractivos de Londres, con un zoo fantástico, un fascinante teatro al aire libre y bellos jardines.

PLANO: P. 170 **B6**

CONSEJO

Entre finales de junio y septiembre, el Regent's Park Music Festival ofrece actuaciones de *jazz* gratis en la Broadwalk Bandstand. Los domingos hay música gratis en la Holme Green Bandstand.

Para una experiencia inmersiva, descargar la *app* Music for Trees de la Royal Academy of Music.

Prados y jardines formales

El rey Enrique VIII convirtió Regent's Park, parte del bosque de Middlesex, en un coto de caza con un palacio real para recibir a dignatarios. Para recorrer el enorme espacio, de 166 Ha y 1,5 km de longitud, harían falta unos 30 min. Su forma actual es obra de John Nash (que diseñó el palacio de Buckingham, el Marble Arch y el Royal Pavilion de Brighton). Nash diseñó un enorme círculo con un lago y tenía previsto construir un palacio real de verano para el monarca, además de 56 villas; solo se construyeron ocho de ellas y el palacio nunca existió. La rosaleda Queen Mary, que lleva el nombre de la esposa del rey Jorge IV, está en el centro del círculo y en primavera se llena de flores, con rosas de variedades clásicas e inglesas, así como 9000 begonias. En los Avenue Gardens hay fuentes a varios niveles, setos perennes y numerosas plantas de bulbo. En el parque también hay una impresionante colección de árboles, con una haya de 150 años, un bosquecillo de olmos japoneses, abedules del Himalaya, sauces llorones y fresnos, así como troncos fosilizados hace millones de años.

MISTERVLAD/SHUTTERSTOCK ©

Teatro al aire libre

Asistir a una representación en el **teatro al aire libre de Regent's Park** es como viajar a tiempos de Shakespeare. La zona de asientos forma una especie de anfiteatro, entre árboles, y el escenario de madera se ilumina por la noche. Es el teatro al aire libre permanente más antiguo de Gran Bretaña (inaugurado en 1932), y uno de los dos que permanecieron abiertos durante la II Guerra Mundial. Presenta obras de Shakespeare, como *Mucho ruido y pocas nueces, Noche de reyes, El sueño de una noche de verano* y *Otelo,* pero también musicales y otras obras clásicas. Aquí han actuado Judy Dench, Penelope Keith, Richard E. Grant y Ralph Fiennes, entre otros. No está cubierto, así que habrá que llevar ropa de abrigo e impermeable si se espera mal tiempo. En casos extremos puede llegar a cancelarse la función. En verano el riesgo es menor.

UNA PAUSA

Hay varios cafés en el parque, como el céntrico Regent's Bar and Kitchen, que sirve *pizzas* al horno de leña, o el Waterside Cafe, junto al lago de los botes, donde tomar café y *bagels.*

VISTAS DE LA CIUDAD

Desde lo alto de Primrose Hill, una colina de 78 m al norte del parque, hay una gran panorámica de la ciudad y del parque. Es uno de los seis miradores protegidos de Londres, donde se podan los árboles para que no obstruyan las vistas. En la cima hay un roble en recuerdo del 300° aniversario del nacimiento de Shakespeare.

Zoo de Londres

El **Jardín Zoológico de Regent's Park** abrió sus puertas en 1828, lo que lo convierte en el más antiguo del mundo. Ha sido el hogar de animales famosos como el gorila *Guy* (1947-1978), que sujetaba pajaritos en sus manos antes de dejarlos libres, y una osa negra llamada *Winnie* (1914-1934) que inspiró el clásico infantil Winnie-the-Pooh.

Recientemente, la Zoological Society London se ha implicado mucho en la conservación, con recintos más grandes y menos animales (ahora hay unos 700). Sus principales atracciones son la zona africana, con jirafas, hipopótamos pigmeos y licaones, y el recinto Gigantes de las Galápagos, con sus enormes tortugas, la Casa del Dragón de Komodo (inaugurada por David Attenborough, y donde vive el reptil más grande del mundo), la Playa de los Pingüinos (la mayor piscina de pingüinos de Inglaterra), el Reino del Gorila y el Territorio Tigre, donde se pueden ver de cerca tigres de Sumatra. Por un suplemento, se puede dar de comer a las suricatas, convertirse en cuidador de jirafas o dormir en una cabaña dentro del zoo para poder ver a los animales después del cierre.

Lago navegable

Los botes surcan el lago de Regent's Park desde hace dos siglos. El lago recibe agua del arroyo Tyburn Brook y de un pequeño acueducto y es famoso por la icónica escena de la comedia romántica *Breve encuentro* (1945), en la que Trevor Howard y Celia Johnson reman por el lago. Regent's Park Boating alquila botes y patines entre abril y octubre, desde media mañana hasta el atardecer. Hay un minilago para niños con patines más pequeños para piernecitas cortas.

★ IMPRESCINDIBLE

Camden Market

El mercado de Camden siempre ha sido punto de encuentro de bohemios y rebeldes. En la década de 1970 era territorio punk, y en las décadas siguientes aparecieron aquí otras tribus urbanas, desde los *metalheads* a los góticos o los *grungers,* atraídos por una curiosa mezcla de tiendas, puestos y eventos.

PLANO: P. 170 **B5**

La esclusa de Camden

Camden Lock, la esclusa más famosa del Regent's Canal, son en realidad tres: la Hampstead Road Locks (una esclusa doble), la Hawley Lock y la Kentish Town Lock. Un impresionante sistema de ingeniería victoriano accionado a mano que mueve más de 135 000 l de agua en 20 min hace subir o bajar pesados y estrechos barcos de acero. Desde la esclusa, se puede hacer un circuito en barco con compañías como Jenny Wren Canal Cruises, recorriendo plácidos canales que atraviesan Little Venice, Regent's Park y el zoo.

Música en directo

Camden ofrece música en vivo cada noche en locales de todas formas y tamaños. En **Black Heart** suena música *black metal* y gótica, mientras que en **Dublin Castle,** local de *rock* y música *indie* de paredes rojas cubiertas de pósteres, tocan cuatro bandas cada noche. Entre los locales más grandes, con aforo para unas 1000 personas y un programa que incluye a grandes bandas, están **Electric Ballroom** y **Roundhouse,** que en el pasado fue un almacén de locomotoras. **Jazz Cafe, Dingwalls, Camden Assembly, KOKO** y **Underworld** son otros locales destacados donde

CONSEJO
En fin de semana el mercado aumenta su tamaño y hay más gente. Por la mañana y entre semana hay menos aglomeraciones.

Escanea este código QR para más información sobre eventos en el Camden Market, desde exposiciones temporales de arte urbano a inauguraciones de bares y cafés.

AGSAZ/SHUTTERSTOCK ©

UNA PAUSA
En los mercados de alimentación de Camden se encontrarán unas cuantas mesas para comer, siempre llenas. Otra opción es comprar comida para llevar y hacer un pícnic al borde del agua.

escuchar música en directo. Véase la agenda de actuaciones en sus sitios web.

De compras

Marcas independientes, arte y artesanía, tiendas *vintage,* camisetas de bandas y baratijas turísticas comparten espacio en el Camden Market.
En el Camden Lock Market hay puestos de moda, antigüedades y muebles retro en calles adoquinadas, mientras que al sur del canal, los puestos de Inverness St venden camisetas de bandas baratas, gafas de sol, pulseras de plástico y cosas parecidas. En Camden High Rd hay ropa deportiva, además de prendas de segunda mano en Rokit y ropa bohemia y cristales en **Namaste,** inconfundible con su gran elefante con flores pintadas sobre la entrada. El **Buck Street Market,** más reciente, abrió sus puertas

justo antes de la pandemia, y tiene 88 puestos independientes en contenedores; parte de la energía usada para su funcionamiento se crea a partir de compost.

Comida callejera

En el Camden Market siempre ha habido puestos de comida callejera, y la mayoría se concentran en el West Yard del Camden Lock Market. No son caros, y ofrecen sabores de todo el mundo, desde humeantes terrinas de pollo *bang bang* y picantes asados paquistaníes a arepas sudamericanas rellenas de carne y frijoles. En fin de semana las colas pueden ser largas, especialmente para los platos preparados al momento. Una alternativa es el pescado rebozado de **Poppies** (los hay de ocho tipos) con patatas fritas. Y, para rematar, un helado ecológico de **Chin Chin Labs,** que es química alimentaria en acción: el helado se mezcla a mano al momento y se hiela usando nitrógeno líquido; el proceso se puede ver a través de un escaparate.

Amy Winehouse

A la legendaria cantante de *soul, blues* y *jazz* se la conoce como la "reina de Camden". Trabajó en el Camden Market y vivió en Camden Sq, donde murió en el 2011. La cantante dijo que Camden era su "patio de recreo" y sin duda fue su inspiración. Tocó en locales como **Hawley Arms** (sobre uno de los reservados del *pub* se puede ver una discreta foto en blanco y negro suya autografiada). También hay una **estatua de Amy Winehouse** a tamaño natural en el **Stables Market** que la representa con su imagen característica, con el pelo cardado y zapatos de tacón.

A BORDO DE UN 'PUNT' MUSICAL

Para ver una de las esclusas en funcionamiento, pasar bajo los puentes del canal y ver la fauna y la flora del Regent's Canal, se puede subir a un *punt,* un barco largo y estrecho, impulsado por una larga pértiga. El Music Boat navega por los canales de Camden con músicos tocando en cubierta.

UNA CURIOSIDAD

En el subsuelo de Camden hay catacumbas, pero nunca se usaron para enterrar cadáveres: allí descansaban los caballos que trabajaban en el ferrocarril.

CIRCUITO A PIE

Descubriendo el Regent's Canal

El Regent's Canal, inaugurado en 1820, recorre casi 14 km de oeste a este y es ideal para explorar el norte de Londres. Originalmente construido para transportar mercancías con embarcaciones tiradas por caballos, hoy cuenta con senderos para caminar o ir en bici, pasando por Regent's Park o la esclusa de Camden.

INICIO	FINAL	DURACIÓN
Amarres de Lisson Grove	King's Cross Station	5 km; 1-3 h

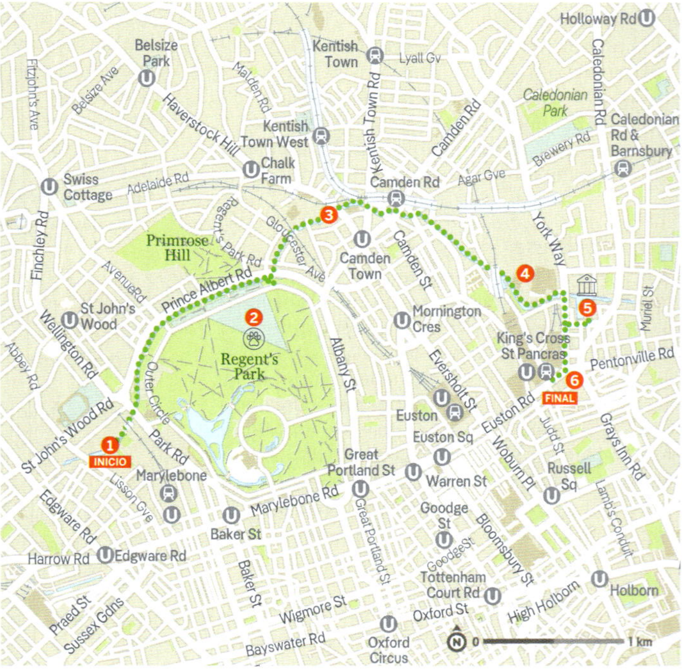

1 Casas flotantes

Cuando los canales se usaban para transportar mercancías, familias enteras vivían en ellos. Hoy en estas estrechas embarcaciones viven comunidades bohemias, como en **Lisson Grove,** que concentra una gran cantidad de casas-barco de diferentes colores.

2 Zoo de Londres

Siguiendo el canal 1200 m hacia el este se pasa junto a **Regent's Park** y a magníficas mansiones. El sendero atraviesa el Zoo de Londres y se pueden ver algunos animales desde el camino, como los colobos columpiándose entre plataformas en la exhibición **Monkey Valley,** junto al canal. Al otro lado de los muros hay jirafas, cebras y licaones.

3 Esclusa de Camden

Siguiendo al este se llega a Camden, y se percibirán los olores de los puestos del **West Yard** o el **Camden Lock Market** antes de llegar a las famosas esclusas. Luego se puede hacer una travesía en un barco tradicional hasta Paddington Basin, o comprar algo de comer en los puestos cercanos y pasear por los antiguos edificios del muelle, ocupados ahora por tiendas y *pubs.* Desde los puentes sobre los canales se puede ver el paso de los barcos por las esclusas, que aún se operan a mano.

4 Coal Drops Yard

1,5 km más allá por el camino de sirga se llegará a un antiguo depósito de carbón victoriano con unos impresionantes almacenes centenarios convertidos en restaurantes, bares y tiendas. Se puede hacer una pausa en la plaza para ver las fuentes, con más de 1000 chorros móviles iluminados.

5 London Canal Museum

Este museo ocupa un edificio construido para una famosa fábrica de helados, y ofrece información sobre los lugares por los que se acaba de pasar. Brinda una fascinante visión de la historia de los canales, los caballos que tiraban de los estrechos barcos y las vidas de las personas que vivían en ellos.

6 King's Cross Station

Este edificio de diseño victoriano, inaugurado por la Great Northern Railway en 1852, se convirtió en la estación de ferrocarril más grande del país. También es el punto de partida del Colegio Hogwarts de Magia y Hechicería; hay un cartel que indica la ubicación del **Platform 9¾** para los fans de Harry Potter, además de un carrito cargado de maletas y la jaula de un búho a medio desaparecer por la pared.

EXPERIENCIAS

Adentrarse en la "Chatarrería de Dios" MUSEO Y CAFÉ

PLANO: 1 P. 170 **H2**

La God's Own Junkyard es un lugar de ensueño para los amantes de *Blade Runner,* con miles de letreros de neón y esculturas de diferentes décadas. Esta Narnia caleidoscópica se ha hecho tan popular que el propietario ha abierto un pequeño café para sentarse y tomar algo mientras se curiosea. La excéntrica colección de carteles eléctricos pertenecía al difunto "padrino del neón", Chris Bracey, que diseñaba rótulos para locales de *striptease* del Soho antes de que Hollywood llamara a su puerta. Se encontrarán desde carteles de piscina de estilo *art déco* y neones de *sex clubs* de la década de 1960 a otros que representan cócteles, crucifijos, emblemas de *rock and roll,* motivos de *pinball* y discoteca y mucho más.

Un cementerio gótico legendario CEMENTERIO

PLANO: 2 P. 170 **B3**

Al este de Hampstead Heath está el cementerio de Highgate, con 50 000 tumbas y más de 170 000 personas enterradas. Es el cementerio más bonito de Londres, y entre sus residentes se cuentan Karl Marx, el icono del pop George Michael, el novelista George Eliot y el boxeador Tom Sayers. Es un lugar maravilloso de belleza decadente, con tumbas y edificios de estilo gótico victoriano construidos en el s. XIX.

Explorar la antigua colección de libros de la British Library BIBLIOTECA

PLANO: 3 P. 170 **B2**

La British Library es un cofre del tesoro de textos antiguos con algunas de las obras literarias más destacadas del mundo, desde los cuadernos de Leonardo da Vinci y el primer ejemplar completo del Nuevo Testamento a dos copias de la *Carta Magna* o el primer libro impreso con xilografía, el *Sutra de Diamante,* del año 868. La visita guiada de 1 h permite aprender sobre los libros, manuscritos, sellos, grabados y dibujos más importantes del edificio.

Sumergirse en el gótico de St Pancras ESTACIÓN Y HOTEL

PLANO: 5 P. 170 **B2**

Junto a la majestuosa St Pancras Station, construida con 60 millones de ladrillos rojos en 1868, hay un hotel inaugurado en 1873 con ventanales catedralicios y pan de oro pintados a mano, reinaugurado en el 2011 con el nombre de St Pancras Renaissance Hotel London. El **Gothic Bar** (p. 189) y el restaurante **Midland Grand** abrieron para el 150º aniversario del hotel, y son un combinado de lo más sugerente para tomarse un cóctel y luego cenar. El bar tiene techos altos pintados a mano, mullidos asientos y ornamentadas columnas. El Midland Grand, por su parte, sirve comida francesa, desde cordero asado con *pommes Anna* a caracoles *bourguignon*.

Un encuentro con las leyendas del deporte FÚTBOL

El Arsenal y el Tottenham Hotspur han cambiado de estadio en los últimos años, al **Tottenham Hotspur Stadium** (PLANO: 6 P. 170 **F1**), con capacidad para 62 850 espectadores, y al **Arsenal Emirates Stadium** (PLANO: 7 P. 170 **D4**), igual de grande. Ambos equipos tienen una hinchada muy entregada, y los partidos son de lo más emocionantes. Los aficionados pueden reservar una visita al Emirates Stadium, y ver el túnel de los jugadores, los vestuarios, la tribuna del director, el Diamond Club, las salas de entrevistas, la sala de ruedas de prensa y el salón de medios de comunicación. El Tottenham Hotspur ofrece visitas similares a su estadio de la mano de seguidores entusiastas. En el estadio de los Spurs también se puede vivir un subidón de adrenalina en el **Dare Skywalk,** un podio de cristal a 46 m sobre el campo, con impresionantes vistas de Londres.

Descubrir objetos curiosos y macabros en la Wellcome Collection MUSEO

PLANO: 8 P. 170 **A2**

La Wellcome Collection es un museo-biblioteca gratuito que presenta desde hojas de guillotina a fórceps, el cepillo de dientes de Napoleón, juguetes sexuales y amuletos. Pagando un suplemento se puede hacer una visita guiada que desafiará cualquier convención sobre la salud.

LIBRERÍA FLOTANTE

Word on the Water es una librería única, donde los libros llenan cada recoveco de una barcaza holandesa de 1920 amarrada en el Regent's Canal. Antes era una tienda nómada que solo se podía encontrar por casualidad (o consultando su ubicación en línea), pero ahora flota en un punto fijo junto a Granary Sq, en King's Cross, gracias a una campaña de sus seguidores. A bordo se puede hojear literatura clásica y su cuidada selección de libros. También hay recitales de poesía, y música de *jazz* y *funk* en verano, con músicos que tocan en el tejado. En invierno se puede disfrutar de un libro junto a la chimenea.

PLANO: 4 P. 170 **B1**

Unirse a la beatlemanía frente a los estudios Abbey Road ESTUDIO DE GRABACIÓN

PLANO: 9 P. 170 **A6**

Los fans de los Beatles querrán leer las pintadas de las paredes del exterior del estudio y sacarse una foto cruzando el paso de cebra del mítico disco de 1969. En el 2010 el cruce se catalogó como espacio protegido de grado II, así que no se

EL HOGAR DE LA DANZA EN REINO UNIDO

El **Sadler's Wells** ha vivido varias reencarnaciones desde el s. XVII. Empezó como auditorio, con representaciones de ópera y obras de Shakespeare, pero a principios del s. XX se especializó en danza (se dice que por no tener la licencia adecuada para hacer teatro). Luego se convirtió en la sede del Royal Ballet, y en la década de 1990 se remodeló. El nuevo edificio tiene más de 1500 butacas y está considerado uno de los mejores lugares de Europa para ver danza de primer nivel, desde imaginativas adaptaciones de *West Side Story* a coreografías basadas en la obra pictórica de Jackson Pollock. El Flamenco Festival, celebrado cada año, atrae a bailarines y coreógrafos de primera, entre ellos ganadores de premios Olivier y Latin Grammy.

PLANO: 10 P. 170 **C2**

puede eliminar fácilmente. En los estudios hay una tienda de recuerdos, desde imanes para la nevera de Abbey Road a vinilos, libros de cocina inspirados en la música, *pins,* púas o correas para guitarra. En una vitrina está la hoja original de la sesión usada durante la grabación de *The Dark Side of the Moon* de Pink Floyd y micrófonos antiguos usados en los estudios durante décadas.

Tomarse unas pintas en la Blackhorse Beer Mile CERVECERÍAS

Por el noreste de Londres se puede emprender una ruta cervecera, empezando en la **Wild Card Brewery** (PLANO: 11 P. 170 **G1**), cervecería artesana que ocupa un almacén, con cerveza de barril y en botellas, *bitter* e IPA de estilo Nueva Inglaterra; además, los fines de semana se instalan puestos de comida. **Exhale Brewing** (PLANO: 12 P. 170 **G2**), en una antigua fábrica de muebles, tiene un bar decorado con neones y plantas. Las cervezas se elaboran en el lugar y también se vende vino orgánico y cócteles. **Pretty Decent Beer Co** (PLANO: 13 P. 170 **G2**) sirve espléndidas cervezas de temporada, además de granizados de cerveza y micheladas. En verano, la **Big Penny Social** (PLANO: 14 P. 170 **G2**) se convierte en lo que llaman Walthamstow-on-Sea, con tumbonas, arena y juegos de playa. También se pueden probar recetas de cerveza del s. XIX en la **Beerblefish Brewing Company** (PLANO: 15 P. 170 **G2**), además de estupendas *stouts* y *porters*.

Adentrarse en la William Morris Gallery MUSEO

PLANO: 16 P. 170 **H2**

William Morris, figura de referencia en el movimiento *arts and crafts,* vivió con su familia en esta imponente mansión georgiana, hoy convertida en la William Morris Gallery, entre 1848 y 1856. Los fans del diseño pueden visitar este museo y galería gratuitos y aprender sobre los procesos de diseño de Morris viendo sus primeros bocetos, sus tejidos y sus muebles. Las exposiciones también muestran su activismo, ya que el artista era un socialista apasionado que despreciaba la industrialización y el capitalismo. De hecho, en vida Morris era más conocido por sus opiniones políticas que por sus grabados. Hay un completo programa de eventos todo el año, desde talleres a charlas y visitas guiadas.

Un rato de ocio en Granary Square

PLAZA PÚBLICA

PLANO: 17 P. 170 **B1**

Este antiguo espacio industrial convertido en lugar de encuentro conserva sus almacenes de carga (entre ellos un granero enorme) frente a una plaza moderna y una fuente con 1080 chorros de agua iluminados. En verano, cuando hace calor, las familias vienen a refrescarse y bailar entre los chorros. En período lectivo es fácil ver por aquí a los estudiantes de la prestigiosa escuela de arte y diseño Central Saint Martins. En verano se ofrecen clases de gimnasia y talleres de respiración, además de cine gratis al aire libre en las escaleras con césped artificial y forma de anfiteatro, junto al Regent's Canal. En la pantalla **Everyman Screen on the Canal** se retransmiten partidos de Wimbledon y se proyectan películas gratis en junio, julio y agosto. En los antiguos edificios industriales hay restaurantes, como el premiado **Dishoom** (p. 188), de cocina india, o el popular restaurante internacional **Caravan;** también está el **Queer Britain,** primer museo británico dedicado a la historia y cultura LGTBIQ+.

ROWANS TENPIN BOWL

Esta bolera de estilo retro decorada con objetos americanos antiguos, en un antiguo cobertizo de tranvía junto a la Finsbury Park Station, ha evitado su demolición en numerosas ocasiones gracias a campañas vecinales. Más que un sitio para tirar bolos, cantar karaoke y jugar a videojuegos, es toda una institución local, un local de culto y un club comunitario. La entrada cuesta 1 £ y permite hacerse una idea de lo que es el Londres actual. Los viernes por la noche un público muy variopinto llena la pista de baile hasta los topes, y la fiesta se alarga hasta la madrugada.

PLANO: 18 P. 170 **D3**

SUGERENCIAS

Lo mejor para...

£ Económico ££ Medio £££ Alto

Localizaciones en el plano de la **p. 170**

Comer

Sabores atrevidos

FKABAM ££
19 D5
El restaurante más descarado de Londres, con combinaciones de sabores en su local de fachada negra y sin carteles. *18.00-22.30 mi-sa*

Dishoom £££
20 B1
Espacio *shabby-chic* en un hangar de ferrocarril reconvertido, con curris de estilo Bombay y cócteles. *8.00-23.00 do-mi, 9.00-24.00 ju-sa*

Roti King £
21 B2
Este restaurante malasio-singapurense tiene un menú a buen precio. *12.00-22.00*

Paolina Thai Cuisine £
22 C2
Platos clásicos tailandeses (sopa *tom yum,* fideos); se puede llevar la bebida. *12.00-15.00 y 18.00-22.00 lu-sa*

Cocina turca

Gökyüzü ££
23 D2
Carne asada, ensaladas y pan tierno, todo ello en un comedor impecable. *9.00-14.00*

Antepliler Restaurant ££
24 D3
Platos clásicos en un espacio luminoso con baldosas tradicionales. Los *baklavas* son una delicia. *12.00-23.30*

Diyarbakir Restaurant £
25 D3
Local informal para comer *kofta* y kebabs, o comprar platos de carne y arroz para llevar. *7.00-15.00*

Hala Restaurant Green Lanes ££
26 D2
Comida turca de calidad. Porciones generosas y unos *meze* estupendos. *8.00-14.00*

Una ganga

Indian Veg £
27 C1
Vegetariano, al que se puede llevar bebida, que mantiene el mismo concepto desde la década de 1980: su bufé libre indio cuesta 15 £. *12.00-23.00*

Ekachai £
28 B1
Cadena de comida callejera tailandesa, malaya y china, desde *dumplings xiaolongbao* a pollo de Hainán. *12.00-15.00 y 17.00-22.00*

Addis £
29 B2
Local familiar que sirve platos etíopes y del este de África. *17.00-23.00 lu-vi, 12.00-23.00 sa y do*

Pizzeria Pappagone £
30 D3
Restaurante italiano de barrio con una cocina tradicional a precios excelentes. *12.00-23.00*

Para impresionar en una cita

Westerns Laundry £££
31 D4
Marisquería de calidad en un espacio semiindustrial con mesas compartidas. *17.30-22.00*

Trullo ££
32 D5
Restaurante italiano con una pasta espléndida y

carne a la brasa. *12.30-15.00 y 18.00-22.30*

12:51 ££

33 D1

El chef James Cochran propone unos platillos con mucha garra. *17.00-22.00 ma-vi, 12.00-22.00 sa, 12.00-21.00 do*

Caravel £££

34 E5

Romántico restaurante en una barcaza que sirve divertidas versiones de platos británicos y europeos. *12.00-16.00 ju-do y 17.30-23.00 ju-sa*

Beber

Cócteles

Booking Office 1869

35 B2

Local con techos altos, detalles en hierro forjado y copas cargadas. *12.00-16.00 y 17.00-22.00*

Gothic Bar

36 B2

Local en el antiguo vestíbulo del Midland Hotel (ahora St Pancras Hotel). *12.00-13.00 mi-sa, hasta 24.00 ma, hasta 23.00 lu, hasta 18.00 do*

Simmons Bar

37 B2

Local nocturno con papel pintado retro, cócteles en tazas de té y *happy hour. 16.00-24.00 do-mi, 16.00-3.00 vi y sa*

Decimo

38 B2

Moderno local hispano-mexicano en el interior del hotel The Standard, con margaritas tremendos. *17.00-24.00 ma y mi, 12.00-3.00 ju, vi y sa*

'Pubs' acogedores

World's End

39 D3

Este *pub* es una garantía, con su *real ale* y sus divertidos concursos de preguntas. *12.00-23.00 lu-sa, 12.00-20.00 do*

Faltering Fullback

40 D3

Tiene tres ambientes: un pequeño *pub* inglés, una cervecería de estilo alemán, y un jardín de estilo Escher. *12.00-24.00*

Café

Redemption Roasters

41 D1

Café que enseña a los internos de la cárcel de The Mount el arte del tostado del café. *7.00-18.00 lu-vi, 8.00-18.00 sa y do*

Vagabond

42 D5

Agradable local con terraza y cafés intensos. *7.30-16.00 lu-vi, 9.00-17.00 sa y do*

Appestat

43 D1

Local moderno y luminoso, con obras de arte y un café excelente. *7.30-18.00 lu-vi, 9.00-17.00 sa, 10.00-17.00 do*

Yellow Warbler

44 F3

Un ambiente relajado y café Dark Arts de origen único. 8.00-15.30 lu-vi, 8.00-16.00 sa y do

Comprar

Librerías

Judd Books

45 B2

Enorme librería con miles de libros, muchos de ellos de segunda mano. *11.00-19.00 lu-sa, 12.00-18.00 do*

New Beacon Books

46 D3

Esta librería ha dado visibilidad a los autores caribeños, afrobritánicos, africanos y afroamericanos. *12.00-18.00 ju-do*

Housmans

47 B2

Libros sobre activismo y anarquismo y subculturas, y literatura de izquierdas. *11.00-18.30 lu-sa, 12.00-18.00 do*

Sugerencias de lugares para comer, beber y comprar en **p. 204**

3DF MEDIASTUDIO/SHUTTERSTOCK ©

Actividades infantiles

A los padres y madres les encantan los eventos especiales que se organizan en vacaciones y las actividades infantiles que hay todo el año, entre ellas una galería interactiva sobre la vida de los chicos de la calle. En la entrada se puede adquirir el plano *Tail Trail,* con actividades para que la visita sea más divertida.

Escanea este código QR el plano de cada planta antes de la visita.

CIRCUITO A PIE

Un paseo cultural por Brick Lane

La mayoría de visitantes visitan Brick Lane y los callejones de los alrededores en los animados días de mercado, cuando se llenan de puestos de comida callejera y ropa *vintage*. Pero mirando atentamente se notará la presencia de la población inmigrante por todas partes. Este paseo explora el legado judío y bangladesí de la zona.

INICIO	FINAL	DURACIÓN
East London Mosque	Beigel Bake	1,5 km; 1 h

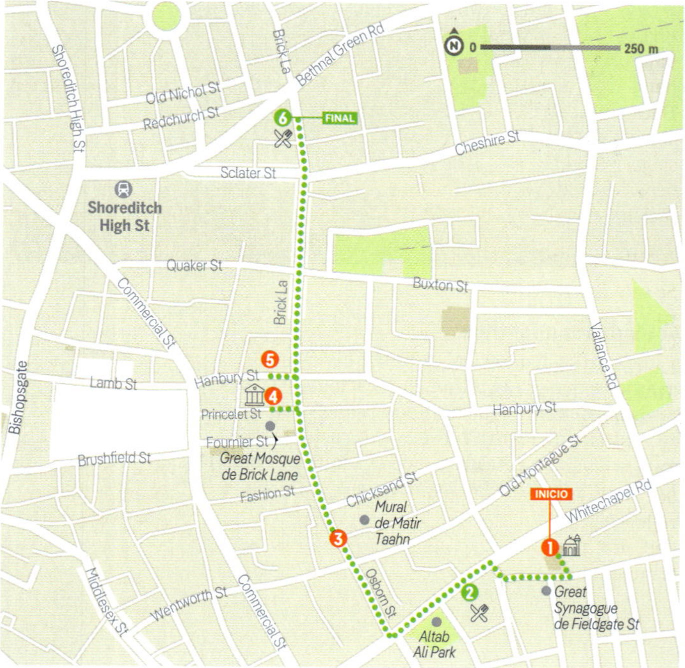

1 Arquitectura religiosa

Se empieza la ruta detrás de la East London Mosqué –la mezquita de Fieldgate St, con capacidad para más de 7000 fieles–, y se admira la **Great Synagogue** (Gran Sinagoga) de Fieldgate St, de 1899, con sus inscripciones en hebreo, que ha quedado eclipsada por la mole de la moderna mezquita.

2 Deliciosa comida bangladesí

Se va a Whitechapel Rd, cerca de la Whitechapel Bell Foundry, y se gira a la izquierda. Se puede hacer una pausa en **Nanna's Biryani** para probar su deliciosa comida bangladesí al estilo tradicional de Daca en un ambiente informal. Se sigue hasta **Altab Ali Park** para saber más sobre el mártir bangladesí asesinado aquí en un ataque racista en la década de 1970.

3 Bangla Town

Se sale por la icónica puerta noroeste para cruzar a Osborn St. Cuando se convierta en Brick Lane se verá la **Puerta de Bangla Town,** pintada con los colores de la bandera de Bangladés. Junto a la puerta está el **mural de Matir Taahn,** inaugurado en ocasión del 50º aniversario de Bangladés, que refleja la dualidad de la comunidad, una generación de inmigrantes que echa de menos su patria.

4 Sinagogas olvidadas

Avanzando por la calle se distingue el minarete plateado de la **Brick Lane Jamme Masjid,** en un edificio que antes había sido sinagoga, hasta que los bangladesíes se lo compraron a la comunidad judía, en la década de 1970. La calle que aparece justo después es Princelet St: en el nº 19 hay una sinagoga que cayó en el olvido y que fue redescubierta en la década 1980. Actualmente es un museo privado.

5 Espacios comunitarios

Siguiendo por Brick Lane hacia el norte, la calle siguiente es Hanbury St: en el nº 30 está el **Kobi Nazrul Centre,** llamado así en honor al poeta nacional de Bangladés, donde se celebran eventos relacionados con la cultura bangladesí, desde instalaciones de arte a espectáculos de humor y otras iniciativas de la comunidad local.

6 'Bagels' clásicos

Al final de Brick Lane se encuentra la famosa **Beigel Bake Brick Lane Bakery,** que aún es propiedad de una familia judía. Sirve los mejores *saltbeef bagels* de Londres.

EXPERIENCIAS

Mezclarse con los vecinos MERCADOS DE COMIDA Y VINTAGE

En el **Petticoat Lane Market** (PLANO: 1 P. 192 **B5**) se encontrará ropa de moda a precios de derribo, incluida alguna prenda de marca que, de algún modo, ha conseguido llegar 'directamente' desde la fábrica. El **Brick Lane Market** (PLANO: 2 P. 192 **B4**), en su día el rastro más conocido de la ciudad y hoy convertido en mercado dominical, se creó en 1888 y hace las delicias de los *hipsters* con su ropa *vintage,* sus artículos de *boutique,* sus puestos de comida *gourmet* y su café artesano. Caminando 10 min al norte se encontrará el **Columbia Road Flower Market** (PLANO: 3 P. 192 **B4**), un magnífico mercado de flores lleno de color. Aunque aquí también han llegado las cafeterías artesanas, el mercado conserva un genuino ambiente de barrio con sus plantas y flores a precios justos y sus ruidosos vendedores que gritan para atraer a la clientela.

Ver yates de lujo en los St Katharine Docks MUELLES

PLANO: 4 P. 192 **B6**

Los St Katharine Docks, a la sombra del Tower Bridge, constituyen un lugar encantador, ideal para tomarse un café antes de sumergirse en el caos de la City. Los muelles fueron construidos en 1828 por el ingeniero Thomas Telford, pero sufrieron terribles bombardeos durante la II Guerra Mundial. En 1968 quedaron totalmente abandonados, pero ahora se pueden ver atracados yates de lujo y varias casas flotantes. Por la zona hay unos locales estupendos para comer bien y para beber algo, como el **Dickens Inn,** inaugurado por el nieto de Charles Dickens y diseñado para que pareciera una posada de tres plantas que data del s. XVIII.

Una incursión en el Trinity Buoy Lighthouse MUSEO

PLANO: 5 P. 192 **G5**

El faro de Trinity Buoy es el museo más pequeño de Londres y un dinámico centro artístico y cultural. Se construyó en 1864 como lugar de formación de fareros, y su emblemática estructura roja, a la sombra de los rascacielos de los London's Docklands, fue también donde Michael Faraday realizó numerosos experimentos, motivo por el que hay una réplica de su taller en el cobertizo. Hoy en día, además de ser un centro artístico comunitario, acoge la canción más larga del mundo, *Longplayer,* del compositor Jem Finer, interpretada con 234 cuencos tibetanos. Esta evocadora armonía empezó a sonar el 31 de diciembre de 1999 y dejará de sonar el 31 de diciembre del 2999, con lo que se convertirá en una canción de 1000 años.

Visita a un estadio emblemático

ESTADIO DE FÚTBOL

PLANO: 6 P. 192 **F2**

El espectacular campo del West Ham United, de la Premier League, se inauguró como atracción principal de los Juegos Olímpicos del 2012. Recientemente ha acogido torneos de la Champions, así como otros eventos deportivos importantes y conciertos musicales de figuras como Beyoncé, Foo Fighters y Red Hot Chilli Peppers. Se ofrecen visitas guiadas para seguir los pasos de los jugadores de primera visitando los vestuarios y zonas de calentamiento, e incluso se puede pisar el césped.

Relax en el Queen Elizabeth Olympic Park

PARQUE PÚBLICO

PLANO: 7 P. 192 **E2**

El enorme Queen Elizabeth Olympic Park, de 225 Ha, es uno de los espacios de ocio más populares del este de Londres. Es fácil ver grupos de amigos y familias que recorren los bosques sombreados, hacen un pícnic en los prados y exploran los humedales. Hay amplios carriles-bici y caminos que invitan a explorar el recinto, y estupendos parques infantiles. El legado de los Juegos Olímpicos del 2012 también es visible en el parque: se puede participar en los torneos de la Copper Box Arena, zambullirse en el **London Aquatics Centre** o pedalear en el Lee Valley VeloPark. Quienes busquen emociones pueden lanzarse por el tobogán más elevado y largo del mundo, desde lo alto de la escultura **'ArcelorMittal Orbit'.** Con la irrefrenable urbanización del East Bank, el parque acabará convirtiéndose en el mayor centro artístico y cultural del este de Londres, con sedes del V&A, la BBC Symphony Orchestra, Sadler's Wells, el London College of Fashion de la UAL y el University College London, que ofrecerán actuaciones, exposiciones y otros eventos comunitarios.

LA JERGA 'COCKNEY' Y SUS RIMAS

Los *Eastenders* tradicionales hablan *cockney*, una jerga que debió de nacer en los antiguos mercados del East End, como código para no llamar la atención de la policía. Este *slang* sustituye nombres y verbos con la primera palabra de un verso que rime. Por ejemplo, *apples* se usa para decir "escaleras" porque *stairs* rima con *apples and pears* (manzanas y peras); *trouble* hace referencia a *wife* (esposa) porque rima con *trouble and strife* (problemas y conflictos), o *porky* se usa para decir *lies* (mentiras) porque rimaba con *pork pies*. La clave del éxito era omitir la segunda parte, de forma que solo los que conocían la jerga sabían qué se estaba diciendo realmente. Quien domine bien el idioma inglés, sin duda sabrá apreciar mejor la sutileza de esta jerga.

Admirar arte de vanguardia en la Whitechapel Gallery GALERÍA

PLANO: 8 P. 192 **B5**

Pablo Picasso, Jackson Pollock, Mark Rothko, Frida Kahlo y Nan Goldin debutaron en el Reino Unido en esta galería fundada por el filántropo victoriano Canon Samuel Barnett, que quería acercar el arte al East End. La Whitechapel Gallery ha organizado exposiciones de artistas consolidados e independientes y es la favorita entre estudiantes de arte y conocedores de las vanguardias. Hasta el edificio original, de estilo *art nouveau,* es una obra de arte. Abrió sus puertas en 1901 y acabó invadiendo la biblioteca de al lado para duplicar su espacio expositivo, que ahora tiene 10 galerías. No hay colección permanente, ya que la galería busca potenciar el arte de vanguardia con sus exposiciones, la mayoría gratuitas.

Descubrir los mercados del este de Londres COMERCIOS INDEPENDIENTES

PLANO: 9 P. 192 **B3**

El **Broadway Market** lleva en activo desde mediados del s. XIX. En su día era un mercadillo de barrio barato, pero hoy en día está lleno de puestos de comida casera, artesanía, vinilos y ropa *vintage.* Tras echar un vistazo se puede tomar un café o una pinta y algo de comida callejera junto al canal, o en el cercano parque **London Fields.**

Pasear por el parque más popular PARQUE PÚBLICO

PLANO: 10 P. 192 **D3**

El primer parque público del este de Londres fue **Victoria Park,** inaugurado en 1845 después de que 30 000 personas firmaran la petición. En la actualidad atrae a nueve millones de visitantes al año. Tiene un fabuloso parque infantil de aventuras, piscina y un café, y numerosos senderos ideales para recorrer en bici o a pie. Eso, sumado al variopinto mercado de alimentación que se instala los domingos en la cercana Bonner Gate, y a los múltiples eventos que se celebran cada año (desde divertidas carreras a festivales de música), lo convierten en el espacio verde más popular del barrio. También conserva un trozo del London Bridge

VER LA PUESTA DE SOL DESDE EL TELEFÉRICO

El IFS Cloud Cable Car, de color violeta, es capaz de transportar a 2400 personas por hora de una orilla a otra del Támesis, entre la península de Greenwich y los Royal Docks, y es un modo perfecto de convertir el trayecto en una experiencia. Si se llega al atardecer se disfrutará de unas vistas imponentes de la ciudad, pero en temporada alta hay que ir preparado para hacer cola, ya que es muy popular entre los turistas. Por suerte forma parte de la red de transporte urbano, por lo que sale más barato con la Oyster Card.

original y una fuente decorada catalogada.

Ir a clase en el Ragged School Museum MUSEO

PLANO: 11 P. 192 **D4**

Aunque la escuela original, fundada por el doctor Thomas Barnardo, filántropo de la zona, cerró en 1908, los visitantes aún pueden viajar a la época victoriana visitando el Ragged School Museum y sentándose en duros bancos de madera junto a sus correspondientes pupitres, su pizarra, tizas, tinteros y ábacos, para que les enseñe a leer, escribir y aritmética una estricta maestra vestida al estilo victoriano. Además del aula imitación del s. XIX, hay una cocina reconstruida del East End y un museo de historia social. Esta clase inmersiva, celebrada el primer domingo de cada mes a las 11.30 y a las 12.45, permite hacerse una idea de cómo eran los domingos de escuela para los estudiantes *ragged* ("harapientos") del East End.

Un día en familia en el Young V&A MUSEOS Y DIVERSIÓN

PLANO: 13 P. 192 **C3**

Últimamente el East End se ha convertido en un lugar de moda, pero siempre ha sido más bien un barrio familiar. Para los más jóvenes, acaba de reabrir el Young V&A (antes V&A Museum of Childhood). Ocupa un edificio victoriano y la entrada es gratuita. Cuenta con unas zonas interactivas fantásticas y espacios inmersivos, además de muestras históricas para los padres. El **Dalston Eastern Curve Garden** ha convertido una línea férrea en desuso en un espacio para la exploración, con un jardín comunitario donde los chicos aprenden horticultura en sus talleres periódicos. Los más mayorcitos pueden subirse a los karts eléctricos del **Revolution Karting,** junto al popular **Mile End Park Skatepark.** Y también se pueden alquilar canoas en **Moo Canoes** para explorar los agradables canales que rodean Hackney Wick. No muy lejos, en Stratford, está el **Discover Children's Story Centre,** un lugar de fantasía para explorar, con espacios cubiertos y al aire libre, que hará las delicias de los más pequeños.

CÓMO VIVÍAN LOS LONDINENSES SIGLOS ATRÁS

El **Museum of the Home,** en una casa donde antes vivían unos jubilados pobres, data de 1714 y presenta una serie de estancias e interiores fascinantes que permiten hacerse una idea de cómo se vivía en Londres en los últimos 400 años, con unos detalles nostálgicos estupendos, como un periódico antiguo sobre la mesa del desayuno.

PLANO: 12 P. 192 **A3**

Tomarse una pinta en un 'pub' clásico del East End PUBS HISTÓRICOS

En el East End, los *pubs* son instituciones locales. Tiempo atrás, eran el centro neurálgico de cada barrio. Muchos desaparecieron cuando los vecinos de siempre se trasladaron al extrarradio, pero unos cuantos han sobrevivido. El **Blind Beggar** (PLANO: 14 P. 192 **C4**) de Whitechapel y el **Carpenter's Arms** (PLANO: 15 P. 192 **B4**) siguen siendo populares, en parte debido a sus conexiones con los famosos Kray Twins, los gemelos gánsteres que asesinaron a una persona en el primero y compraron el segundo para su madre. Siguiendo el río se encuentra el **Prospect of Whitby** (PLANO: 16 P. 192 **C6**), uno de los *pubs* más antiguos de la ciudad (de 1502), supuestamente frecuentado por Charles Dickens y Samuel Pepys. El **Captain Kidd** (PLANO: 17 P. 192 **C6**), por su parte, toma su nombre del infame pirata colgado en las inmediaciones en 1701. Ambos ofrecen unas vistas fantásticas del Támesis. En Mile End, el **Palm Tree** (PLANO: 18 P. 192 **D3**), junto al río, tiene un interior que parece de otra época, y ofrece una experiencia *cockney* hoy difícil de encontrar.

Curiosear en el Viktor Wynd Museum MUSEO DE COSAS RARAS

PLANO: 19 P. 192 **C3**

Apodado el "nuevo museo más extraño del Reino Unido" tras su inauguración, este museo (y bar) está repleto de rarezas de la historia de la humanidad: fragmentos de aves extinguidas se disputan el espacio con arte oculto y curiosas reliquias de famosos en este pequeño y desenfadado local de Hackney, no aptos para aprensivos ni para quienes se ofenden con facilidad.

Tras pedir un cóctel con absenta (especialidad de la casa) en el bar victoriano y sentarse junto a una leona disecada, bajo la mirada atenta de la sirena de Fiyi pegada al techo, se puede visitar el Wunderkabinett, rodeado de cabezas de animales, antes de bajar al sótano para saludar al cordero de dos cabezas y a las hadas momificadas, echar un vistazo a los "bebés muertos" en frascos y a los excrementos de famosos.

Arte británico excéntrico en el Gilbert & George Centre GALERÍA

PLANO: 20 P. 192 **B5**

Esta interesante galería, inaugurada en abril del 2023, es un "regalo a la comunidad" de los famosos artistas británicos Gilbert & George, vecinos del barrio. El edificio, de cristal, madera y ladrillo, está en una callejuela adoquinada junto a Brick Lane, y es de visita gratuita, como testimonio del lema de esta pareja siempre impecablemente vestida: "el arte es para todos".

Ocupa una antigua planta industrial, y cuenta con tres modernos espacios expositivos con una serie de medidas para hacerlo sostenible. Dos de las galerías acogerán la colección permanente Gilbert & George y la otra se usará para presentar la obra de artistas emergentes, con la vocación de abrirse a un público muy diverso.

Un encuentro con los animales del barrio

GRANJAS URBANAS

A los niños les encantarán las granjas urbanas repartidas por el East End, desde las llamas de la **Mudchute farm** (PLANO: 26 P. 192 **F6**), cerca de los Docklands, a la **Stepney City Farm** y la **Hackney City Farm** (PLANO: 27 P. 192 **B3**), más centradas en la comunidad, así como la **Spitalfields City Farm** (PLANO: 28 P. 192 **B4**), que suele pasarse por alto pero que es estupenda para las familias con niños que vienen a visitar los mercados de Brick Lane o Spitalfields.

DÓNDE TOMARSE UN CAFÉ

Pavilion Cafe Victoria Park
PLANO: 21 P. 192 **D3**
Ideal para sentarse a tomar un café con vistas al lago y las fuentes.

Oat Coffee
PLANO: 22 P. 192 **B4**
Café intenso servido por un personal muy agradable, en plena Brick Lane.

Allotment Kitchen
PLANO: 23 P. 192 **D5**
Local con fines sociales en el que no solo es bueno el café, sino también los pasteles y pastas.

Mackbear Coffee
PLANO: 24 P. 192 **C4**
Un lugar estupendo para trabajar tranquilamente con el ordenador tomando café.

Café Columbia
PLANO: 25 P. 192 **B3**
Un jardín encantador, un café excelente y buenos *bagels* en pleno mercado de las flores.

Lo mejor para...

£ Económico ££ Medio £££ Alto

Localizaciones en el plano de la **p. 192**

Comer

Asadores

Hemingway ££
29 C3
Para tomarse un tierno bistec escocés el domingo hay que llegar temprano, porque se agotan. *12.00-23.30 do-ju, 12.00-1.00 vi y sa*

Royal Inn on the Park £££
30 D3
Imponente cervecería con una terraza con vistas al Victoria Park y excelentes opciones vegetarianas. *12.00-23.00*

Star of the East ££
31 E5
Su *Yorkshire pudding* es divino, y tienen incluso un asado para compartir entre dos. *12.00-23.30 ma-vi, 10.30-23.30 sa, 12.00-22.00 do y lu*

Docklands Diner £
32 E6
Local familiar de ambiente agradable con un asado bastante 'casero' acompañado de su correspondiente guarnición. *7.00-14.00*

Comida étnica

Graam Bangla ££
33 B5
Maasor jool, khala bhuna. ¿A alguien le suena? ¿No? Así de auténtica es aquí la comida bangladesí. *11.30-23.30*

Shalamar Kebab House £
34 B5
Sus curris paquistaníes son probablemente los más asequibles de todo el este de Londres. *11.00-23.00*

House of MoMo £££
35 A1
Popular local nepalés con deliciosos *dumplings* en el que puede costar encontrar mesa. *12.00-23.00*

Mien Tay ££
36 A3
En este restaurante el servicio es rápido, el ambiente es dinámico y el *pho* y los *dumplings* son muy especiales. *12.00-23.30 ma-do*

Vegano

Sazzy & Fran ££
37 C4
Delicias veganas, desde *bagels* y crema de queso a sopa *dahl* de lentejas rojas. *7.30-17.00 lu-vi, 9.00-17.00 sa y do*

Vegan Yes ££
38 B5
Si a alguien le gusta la comida italiana y la coreana, disfrutará con esta fusión de ambas. *12.00-22.00 vi y sa, hasta 21.00 do*

All Nations Vegan £
39 B1
Comida vegana al estilo caribeño en una calle residencial de Dalston. *12.00-21.00 do-ju, 12.00-22.00 vi y sa*

Cenas elegantes

Da Terra Restaurant £££
40 C3
El restaurante de Charlie Lee fue uno de los primeros con estrella Michelin que abrió en el East End (de hecho, tiene dos), con un menú-degustación a ciegas obra del chef italiano Rafael Cagali. *18.30-20.00 ju-sa*

Behind Restaurant £££
41 C2
Restaurante de pescado con estrella Michelin en London Fields. Sirve ocho deliciosos platos de mar en su mesa íntima pero elegante en forma de U que da a la cocina abierta. *12.00-23.00 ju-sa, 19.00-23.00 mi*

Casa Fofó ££
42 B1
Dos espacios interiores acogedores y un espacio cubierto exterior de ladrillo y madera con un ingenioso menú degustación que prepara Cecco a diario, que puede incluir sorpresas como las patatas *pink fir* con cerezas agrias y palomitas. *18.00-21.30 mi-do, y 13.00-14.00 sa y do*

Comida barata del East End

Beigel Bake Brick Lane Bakery £
43 B4
Un guiño a la antigua comunidad judía del East End, con *bagels* tan ricos que siempre hay cola. *24 h*

G Kelly £
44 E3
Llevan décadas sirviendo la típica *pie and mash* del barrio con su salsa clásica de perejil. *11.00-18.00 lu-sa, 11.00-16.00 do*

E Pellicci £
45 B4
Una institución en el East End. Sirven fritos, pasta, sándwiches y desayunos desde 1900. *8.30-15.30 lu-sa*

Greedy Fish and Chips £
46 D3
Uno de los mejores locales del East End para tomar un *fish and chips* bien crujiente. *11.30-22.00 ma-do*

Cocina africana

Banke's Kitchen £
47 A1
Cuando el resto de comensales son nigerianos se sabe que el arroz *jollof*, el puré de ñame y el *amala* van a ser buenos. *10.00-22.00*

D'Taste African Cuisine £
48 B1
Para probar *chofi* y otras delicias de la comida callejera típica de África occidental entre el bullicio del Ridley Road Market. *9.30-21.00 lu-do*

Afrikana Dalston ££
49 A2
Restaurante con estilo que sorprende con sus refinadas interpretaciones de platos de fusión africana. *12.00-23.00*

Beber

Cerveza

Crate Brewery
50 E2
¿A alguien le apetece una estupenda cerveza artesana y una deliciosa *pizza* junto a la orilla? *12.00-23.00 do-ju, hasta 1.00 vi y sa*

Howling Hops
51 E2
El primer bar de cerveza artesana de barril del país, que la sirve directamente del barril, en un animado local. *12.00-23.00 do-ju, hasta 1.30 vi y sa*

All My Friends

52 E2

Sirve marcas locales ya icónicas, como True Craft, y tiene una terraza con vistas impresionantes. *12.00-2.00 vi y sa, hasta 1.00 ju, hasta 23.00 mi, hasta 22.00 do*

Ten Bells

53 B4

Pub histórico vinculado a Jack el Destripador donde sirven cervezas artesanas que van variando. *12.00-24.00 do-mi, 12.00-1.00 ju-sa*

Beber al aire libre

Lord Napier Star

54 E2

Bar con terraza donde puede tomarse el sol todo el día. El personal es muy atento, la música es estupenda y los margaritas, de primera. *16.00-24.00 lu-mi, 12.00-24.00 ju-do*

Hackney Bridge

55 E2

Es como otro Mercato Metropolitano, pero en Hackney Wick, con puestos de comida para todos los gustos y una zona enorme para sentarse al aire libre, puestos de comida variados, cerveza artesana y un vino estupendo. *12.00-22.00 do-ju, 12.00-24.00 vi y sa*

Grow

56 E2

Ideal para tomar algo al aire libre, con comida sostenible en una terraza junto al canal. Hay noches de *jazz* los jueves y música en directo variada los fines de semana. *10.30-24.00 ma-ju, hasta 2.00 vi y sa, hasta 23.30 do*

De fiesta

No90

57 E2

Animada terraza junto al canal en Hackney Wick, con DJ que pinchan buena música los fines de semana. *12.00-23.00 ma-ju, hasta 1.00 vi y sa*

Dalston Jazz Bar

58 A1

Lejos del caos de Kingsland High St, un local escondido frecuentado por los amantes del *jazz* del norte de Londres de jueves a sábado, que se sientan y siguen el ritmo con los pies. *18.00-3.00 vi y sa, 18.00-1.00 ju*

Dalston Roofpark

59 A2

Para empezar la fiesta temprano: hay DJ desde la tarde y una zona cubierta que permite bailar, llueva o truene. *17.00-23.00 vi, 15.00-23.00 sa, 17.00-23.30 ju*

Locales de ambiente

Dalston Superstore

60 A1

Este local LGTBIQ+ solía ser una referencia para ir de fiesta en el East End, y sigue ofreciendo noches temáticas muy populares entre el público LGTBIQ+. *12.00-3.00 vi y sa, 16.30-2.00 ma-ju, 16.00-24.00 lu*

93 Feet East

61 B4

Local tradicional de Brick Lane con sonidos *underground*, ritmos clásicos de *hip-hop* y *reggae*, y noches LGTBIQ+. *17.00-23.00 mi y ju, 17.00-1.30 vi, 13.30-1.30 sa, 13.30-22.30 do*

The Divine

62 A1

Local LGTBIQ+ en Dalston con espectáculos de *drags* y un ambiente pop y *disco* con muchos brillos. *17.00-24.00 lu-ju, 16.00-2.30 vi y sa, 14.00-24.30 do*

MAREMAGNUM/GETTY IMAGES ©

Comprar

'Vintage'

Beyond Retro
63 B1
Vestidos *vintage*, camisetas de deporte clásicas o chaquetas de cuero usadas... Beyond Retro lo tiene todo en sus locales de Dalston y el Broadway Market. *11.00-19.00 lu-sa, hasta 17.00 do*

Spitalfields Market
64 B4
Variedad de prendas *vintage*, discos antiguos, fotos históricas de Londres, matrículas y otros coleccionables, además de artículos de diseñadores independientes (foto arriba). *8.00-23.00 lu-vi, 9.00-23.00 sa y do*

Traid
65 A1
Local grande y diáfano en Dalston. Más que una tienda *vintage*, es como una tienda moderna de ropa de segunda mano. *10.00-20.00 lu-sa, 23.00-18.00 do*

Vintage Basement
66 B4
Es, como dice el nombre, un "sótano" con montones de gangas entre los ordenados expositores de ropa moderna. *11.00-19.00*

Guía práctica

El Shard (p. 132).
ECSTK22/SHUTTERSTOCK ©

Viajar en familia

Londres es un destino excelente para ir en familia, con buenas instalaciones para los más pequeños y numerosas atracciones para despertar la curiosidad de niños de todas las edades, muchas de ellas gratuitas.

Cambios de pañales

La gran mayoría de museos, centros comerciales y cafeterías tienen instalaciones para cambiar pañales, normalmente mesas abatibles en los baños. Solo hay que preguntar al personal.

DESCUENTOS PARA NIÑOS

En casi todas las atracciones aptas para niños se ofrecen descuentos a menores de 16 años. Los menores de 5 años viajan gratis en metro y autobús, acompañados de un adulto. Los de 5 a 10 años viajan gratis en todos los medios de TfL con una tarjeta Zip Oyster; solicitarla por internet en tfl.gov.uk (tarda una semana en llegar).

Cómo ahorrar dinero

La Kids Week es una semana en la que se ofrecen entradas de teatro gratis para niños acompañados de un adulto, entre finales de julio y agosto (reservar con antelación). National Rail tiene ofertas de "dos por uno" en algunas atracciones si se llega a Londres en tren. Y en otros lugares, desde el Shakespeare's Globe al Southbank Centre, hay descuentos para familias y funciones especiales para niños en verano.

Moverse con coches de bebé

En muchas estaciones de metro hay ascensores. En los autobuses suele haber espacios habilitados destinados a los cochecitos, en el nivel inferior.

A chapotear

En verano, algunas fuentes públicas se convierten en zonas de juegos acuáticos. No hay que olvidar la toalla.

Zonas de juego

La mayoría de parques cuentan con zonas de juego, normalmente con toboganes y columpios, aunque algunos tienen todo un parque de aventuras montado. Son ideales para que los niños se desahoguen entre paseos por la ciudad.

Alojamiento

He aquí una referencia para hacerse un presupuesto: dormir en Londres no es barato, pero se pueden encontrar ofertas reservando con tiempo.

Si te gusta...

Hoteles elegantes

Covent Garden y el West End (p. 59) En el centro de todo, con hoteles lujosos, restaurantes de primera, salones de té y tiendas de diseño. Aquí la acción no cesa.

IMPRESCINDIBLE

Nos encanta...

El Soho (p. 75)

El centro de la vida LGTBIQ+ en Londres concentra muchos cines y reúne a gente de los medios, las películas y la televisión. La oferta de restaurantes en el mayor barrio chino del país es enorme, y en los bares y clubes la fiesta dura hasta la madrugada. Es un barrio fácil de recorrer a pie, y muy céntrico, con montones de opciones de transporte. Eso sí, de noche puede haber más ruido que en otros barrios.

Vida local

Sur de Londres (p. 87) Barrios históricos con mucha diversidad, tiendas étnicas, sabores caribeños y alojamientos económicos, aunque se tardará más en ir al centro de la ciudad.

CUÁNTO CUESTA

Hotel de cuatro estrellas u hotel-*boutique* elegante **desde 200 £**

Habitación en albergue **18-40 £**

Hotel de precio medio **80-200 £**

Arquitectura gótica y unas copas

Norte de Londres (p. 169) Buen transporte público, montones de opciones para comer y originales hoteles en imponentes edificios, así como excelentes bares.

Espacios verdes y arte

Kensington (p. 147) Cultura y aire fresco en el centro de la ciudad, con enormes parques reales y decenas de galerías y museos de primera categoría.

Encanto a buen precio

East End (p. 191) Locales de moda, una gran vida nocturna, tiendas independientes de ropa *vintage* y excelentes curris.

Comida, bebida y fiesta

Alergias e intolerancias

Los camareros suelen preguntar sobre alergias e intolerancias, y en muchas cartas de restaurante se indica si los platos llevan gluten, frutos secos, carne o lácteos.

Restaurantes vegetarianos Son fáciles de encontrar en todos los barrios. En casi todas las cartas hay opciones vegetarianas.

Restaurantes veganos En la mayoría de cartas hay al menos una opción vegana.

Restaurantes sin gluten Cada vez son más frecuentes; garantizan la ausencia de contaminación de los platos.

CHEFS FAMOSOS

Aparte de las decenas de restaurantes con estrella Michelin de Londres, en la ciudad tienen restaurantes chefs famosos como Gordon Ramsay o Heston Blumenthal. Para ir habrá que reservar.

SABORES DEL MUNDO

Muchos acuden a Londres a probar sabores de todo el mundo en una ciudad con una población multicultural que habla más de 250 idiomas y en la que la comida es un medio de comunicación y con el que comprender a otras culturas. Con una mínima investigación se podrán descubrir sabores exóticos.

Mercados de alimentación

En Londres hay muchas opciones de comida callejera con la que probar sabores exóticos, desde arepas sudamericanas en el Camden Market o curris de Guyarat en el Broadway Market, a asados filipinos en Hackney Wick. Muchos mercados ofrecen productos ecológicos y artesanales.

Pagar la cuenta

En un restaurante, no traerán la cuenta hasta que se pida; hay que dirigirse directamente al camarero.

Dividir la cuenta En grupos de amigos es habitual pagar a medias, y de buena educación que los que han pedido extras o han bebido un vino caro se ofrezcan a pagar más.

Propina En los restaurantes lo habitual es dejar una propina del 10%, aunque el cargo por servicio puede estar incluido: lo habitual es un 10-12%. En un *pub* no se suele dejar propina a menos que el servicio haya sido excepcional. Las bebidas suelen pagarse en la barra, salvo que se dé la tarjeta para apuntar el gasto de toda la velada.

PRECIOS

Estas indicaciones hacen referencia al precio medio de un plato principal.

£ menos de 15 £
££ 15-25 £
£££ más de 25 £

HORARIOS

Cafeterías 7.00-17.00
Restaurantes 11.00-23.00
Locales de comida rápida 11.00-24.00 o más tarde

Salir por la ciudad

A los londinenses les encanta salir a tomar una copa, y hay locales para todos los gustos.

'Pubs' En la capital hay unos 3500 *pubs*, abiertos normalmente de 11.00 a 23.00. Suelen estar decorados con maderas oscuras, moqueta y detalles antiguos. Sirven cerveza, vinos sencillos y licores.

Coctelerías Locales elegantes que abren de 17.00 a 23.00, con un ambiente íntimo y cócteles creativos. Cinco de ellos figuran en la lista de los 50 mejores bares del mundo.

Discotecas Espacios donde bailar hasta la madrugada, de 21.00 a 2.00 o más. Entre los más grandes están el Egg, el Fabric y el Ministry of Sound, de música electrónica, y el Heaven, de ambiente LGTBIQ+, más pop.

Vinaterías Locales tranquilos y elegantes con vinos europeos, aunque también los hay del resto del mundo, ecológicos y de cultivo sostenible. Suelen abrir de 17.00 a 23.00.

CUÁNTO CUESTA

Sándwich
3-10 £

Pinta de cerveza
4-8 £

Hamburguesa
8-15 £

Comida en un restaurante elegante
más de 100 £

Comida para dos en un restaurante medio con vino
30-60 £

Café de calidad
3-5 £

Comida callejera
5-15 £

Bolsa de patatas fritas
3-7 £

Comunidad LGTBIQ+

Londres, capital LGTBIQ+ de Europa, destaca por sus parejas del mismo sexo y negocios ligados a esta comunidad.

Barrios

Soho El barrio LGTBIQ+ por excelencia de Londres, con bares y clubes en torno a Old Compton St, entre ellos los famosos G-A-Y y SHE Soho (el único bar lésbico al 100% de Londres).

Kennington, Deptford y **Vauxhall** También son centros de referencia. En la Royal Vauxhall Tavern organizan eventos desde la década de 1980.

East London Aquí la mayoría de bares son LGTBIQ+ *friendly*. Destacan *brunches* de Dalston Superstore y los espectáculos de *drags* en el Glory.

Ciudad inclusiva Londres se llena de banderas del arcoíris en el mes del Orgullo, en junio y principios de julio, cuando se celebra el London Pride.

IMPRESCINDIBLE

Librerías LGTBIQ+

Entre las librerías que venden literatura gay están Gay's the Word (la librería LGTBIQ+ más antigua del país) y Judd Books, con una gran variedad de literatura gay. La Housmans Bookshop está especializada en políticas progresistas. La Common Press Bookshop, en East London, presenta literatura LGTBIQ+ escrita por comunidades marginalizadas.

QUEER BRITAIN

El primer museo dedicado a la cultura LGTBIQ+ del Reino Unido se inauguró en el 2022, en King's Cross, justo antes del 50° aniversario del primer Orgullo de Londres. Muestra gratuita de la cultura gay.

FHM/GETTY IMAGES ©

LONDON FRIEND

London Friend ofrece información gratuita y consejos para la comunidad.

Medios LGTBIQ+

Entre las revistas y webs con cartelera de eventos y artículos sobre la comunidad están **Gay London** (visitgay.london), **Pink News** (thepinknews.com), **Diva Magazine** (diva-magazine.com), y **Gay London Life** (gaylondonlife.co.uk). En sus webs se encontrarán noticias y una agenda de eventos celebrados en la ciudad.

Salud y seguridad

Londres es una ciudad relativamente segura, pero también se cometen delitos. He aquí unos consejos para evitar problemas.

AGUA DEL GRIFO

El agua del grifo se puede beber sin problemas. En los restaurantes se puede pedir agua del grifo en lugar de embotellada si no se quiere pagar de más. En los parques cada vez hay más estaciones de rellenado de botellas. En las cafeterías se puede pedir que rellenen la botella si se consume algo.

Carteristas

La mayoría de visitantes no tienen problemas, pero a veces se producen robos. La gente de la calle suele colaborar para evitar robos y tirones, pero es conveniente no dejar teléfonos u objetos valiosos sobre las mesas, ni llevarlos asomando del bolsillo trasero. Es mejor llevarlos en el espacio central de la mochila, y en las zonas concurridas es aún mejor llevarla delante. A la hora de hablar por teléfono móvil, mejor usar auriculares.

Seguro de salud

Los británicos tienen atención médica gratuita. Los extranjeros deberían disponer de un seguro.

A TENER EN CUENTA

Seguridad
Es importante asegurar las bicicletas con un candado o, mejor aún, dos. Los robos de bicis son frecuentes.

Privacidad
A los londinenses no les gusta que les tomen fotos sin preguntar. No hay que tomar fotos a los niños.

Marihuana
El cannabis se vende legalmente como fármaco con receta.

Hielo y nieve

En invierno puede nevar en Londres. La ciudad no está muy equipada para afrontar las grandes nevadas, y puede haber retrasos en los medios de transporte. Si nieva hay que calcular los tiempos con holgura, y salir antes de lo previsto si hay que tomar un avión o un tren.

LLUVIA

El tiempo en Londres puede cambiar muchísimo; en invierno conviene llevar varias capas y un abrigo. Muchos londinenses llevan un paraguas siempre a mano por si llueve.

Turismo responsable

Consejos para dejar una huella de carbono menor, apoyar el comercio local y evitar un impacto negativo en el viaje.

Hoteles sostenibles

Elegir hoteles con credenciales verdes reduce el impacto ambiental. El One Hundred Shoreditch usa energía renovable y productos de proximidad en sus menús, y el Hilton London Heathrow Airport afirma que produce cero residuos sólidos gracias a un sistema que convierte los residuos alimentarios en agua. El Langham, en el West End, destaca por váteres de bajo consumo, calefacción eficiente y productos de limpieza biodegradables.

Un día sin carne

En Londres hay cada vez más restaurantes veganos y vegetarianos, y casi todos los otros tienen alguna opción para quien no coma carne. Si se escoge un día sin carne se ayudará a reducir la deforestación y las emisiones de gases invernadero.

DESDE LA IZDA.: DHARAI5/SHUTTERSTOCK ©, ETORRES/SHUTTERSTOCK ©, IABLONSKYI MYKOLA/SHUTTERSTOCK ©

IMPRESCINDIBLE

En bici a todas partes

Cada vez hay más carriles-bici en Londres. La bicicleta es un medio rápido, barato y eficiente para moverse por el centro de la ciudad.

Compra de proximidad

Las tiendas de barrio suelen comprar artículos de proximidad, que requieren menos transporte. Muchos restaurantes, como el Walthamstow's Eat17, usan solo ingredientes británicos de temporada para evitar largos transportes y emisiones de carbono. Por otra parte, algunos negocios tienen una vocación comunitaria: el café Redemption Roasters de Islington, p. ej., enseña a tostar café a los reclusos mientras cumplen condena.

Recursos

• **cyclestreets.net** Para organizarse el recorrido en bici y monitorizar el ahorro de CO_2. • **tfl.gov.uk** Útil para usar el transporte público. • **toogoodtogo.com** *App* para reducir el despilfarro de alimentos y comprar comida con descuento.

COMIDA PARA LLEVAR

¿Ha sobrado comida en la cena? La mayoría de restaurantes ofrecen la posibilidad de llevársela. Mejor aún si se lleva un recipiente reutilizable de casa.

Moverse por la ciudad

Londres tiene una excelente red de transporte público que ayuda a reducir el tráfico con el uso del metro, autobuses y trenes.

En Londres operan más de 2500 autobuses híbridos, la mayoría por el centro. Son preferibles a los vehículos privados para evitar la congestión.

La red pública Santander Cycles tiene 12000 bicis repartidas en unas 800 estaciones en el centro; ideal para reducir la polución.

Si no llueve, Londres es perfecto para recorrer a pie, descubriendo rincones inesperados y reduciendo emisiones.

FUENTES DE AGUA POTABLE

En Londres, en lugar de comprar botellas de agua se puede llevar una botella reutilizable y pedir agua del grifo en los restaurantes, o rellenarla en las fuentes de los parques. También se puede llevar una bolsa reutilizable por si se hacen compras.

El cambio climático y los viajes

Es imposible ignorar el impacto de nuestros viajes y la importancia de hacer cambios. Lonely Planet anima a todos los viajeros a involucrarse en su huella de carbono. Muchas webs de líneas aéreas y sitios de reservas ofrecen la opción de compensar el impacto de los gases de efecto invernadero realizando donaciones para iniciativas respetuosas con el clima en todo el mundo.

Existen muchas calculadoras de la huella de carbono para que el viajero conozca las emisiones que ha producido su viaje; un ejemplo es **resurgence.org** (código QR de la derecha).

Accesibilidad

Transporte público

Más de un cuarto de las estaciones de metro, la mitad de las de Overground y todas las de DLR tienen accesos sin escalones, algo que puede comprobarse previamente. Los autobuses disponen de rampas y espacio para sillas de ruedas en el piso inferior, aunque lo comparten con los coches de bebé: en caso de coincidencia, las sillas de ruedas tienen prioridad.

Alojamiento

Londres tiene una gran oferta de alojamiento accesible. Los hoteles más modernos disponen de camas y baños para usuarios con sillas de ruedas y mesitas de noche y armarios bajos, así como puertas más anchas. Consúltese antes de reservar.

IMPRESCINDIBLE

Los museos de Londres están obligados a ofrecer un acceso facilitado. Muchos disponen de libros táctiles o en braille, o de guías con caracteres más grandes. En todo caso debería haber un acceso sin escalones. Hay que notificar cualquier requisito especial para ver la muestra del **British Museum** (p. 73), las obras maestras de la **National Gallery** (p. 68) o las figuras de cera del **Madame Tussauds** (p. 74). Incluso atracciones como el **Tower Bridge** (p. 115) o el **London Eye** (p. 132) son perfectamente accesibles.

PERROS GUÍA

La ley obliga a que los museos, hoteles y medios de transporte permitan el acceso de perros guía con sus dueños. Negarse es motivo de denuncia. Esta ley no incluye a los perros de apoyo emocional, aunque algunos hoteles los admiten.

Taxis

Los *cabs* negros permiten el acceso con silla de ruedas –disponen de rampas y asientos móviles para personas con movilidad limitada–, pero los Uber y *mini cabs* no siempre, a menos que se solicite.

CALLES ADOQUINADAS

En el centro de Londres hay muchas calles y plazas de firme irregular, difíciles de transitar en silla de ruedas. En las calles principales no suele haber problemas, pero ojo a los baches y a los bordillos altos.

Recursos

• **Visit London** (visitlondon.com; acceso con este código QR) ofrece consejos útiles para moverse por la ciudad en silla de ruedas. • **AccessAble** (accessable.co.uk) es un gran recurso para encontrar actividades accesibles.

Lo esencial

Horario comercial

Bancos 9.00-17.00 lu-vi

Oficinas de correos 9.00-17.30 lu-vi y 9.00-12.00 aprox. sa

'Pubs' y bares habitualmente 11.00-23.00 (algunos abren más tarde)

Restaurantes habitualmente 11.00-23.00

Puntos de interés 10.00-18.00

Tiendas 9.00-19.00 lu-sa, 6 h consecutivas (entre 10.00 y 18.00) en domingo

Cafés 7.00-17.00 lu-do, hasta más tarde en ocasiones especiales.

Aeropuertos, centros comerciales, cafés y muchos restaurantes ofrecen wifi gratis.

A TENER EN CUENTA

Hora local GMT (GMT + 1 h en verano)

Código de país +44

Emergencias 999

Población 9 millones de hab.

ELECTRICIDAD

230V/50Hz

Fiestas oficiales

Las fiestas oficiales pueden variar con respecto a otras regiones del Reino Unido. Las *bank holidays* son las que estipula la Corona y afectan a bancos y establecimientos oficiales como las oficinas de correos. Negocios privados, atracciones turísticas, bares, restaurantes y tiendas pueden abrir en estas fiestas, normalmente con horario reducido.

Año Nuevo 1 de enero

Viernes Santo finales de marzo/abril

Lunes de Pascua finales de marzo/abril

May Day Holiday primer lunes de mayo

Spring Bank Holiday último lunes de mayo

Summer Bank Holiday último lunes de agosto

Navidad 25 de diciembre

San Esteban 26 de diciembre

Fumar

Se permite fumar en zonas designadas al aire libre, pero no en interiores. Actualmente no hay restricciones legales a nivel nacional sobre el vapeo en zonas públicas; depende de los organizadores del evento.

Pesos y medidas

Oficialmente, Londres usa el sistema métrico (gramos, litros, etc.), pero en los mercados aún hay quien usa el sistema imperial.

Índice

Puntos de interés p. 000
Págs. de los planos **p. 000**

Véanse también los subíndices:
Comer p. 222
Beber p. 223
Comprar p. 223

Comer

Beber

Comprar

La opinión del lector

Nos encanta escuchar a los viajeros, ya que con sus comentarios nos ayudan a mejorar nuestros libros. Podéis escribirnos a lonelyplanet.com/contact; leemos todos los mensajes y garantizamos que estos lleguen a los autores.

Nota: Es posible que algunos fragmentos de estos mensajes aparezcan en nuevas ediciones de las guías Lonely Planet, en la web o en productos digitales. Si preferís que vuestro contenido o nombre no sean publicados, por favor, indicadlo claramente. Para obtener una copia de nuestra política de privacidad, podéis visitar lonelyplanet.com/legal.

geoPlaneta
Av. Diagonal 662-664, 08034 Barcelona
www.geoplaneta.com – www.lonelyplanet.es

Lonely Planet Global Limited
Lonely Planet Global Limited, Digital Depot,
The Digital Hub, Dublín D08 TCV4, Irlanda
www.lonelyplanet.com
Contacta con Lonely Planet en: lonelyplanet.com/contact

Londres de cerca
8ª edición en español – febrero del 2025
Traducción de *Pocket London*, 9ª edición – septiembre del 2024
© Lonely Planet Global Limited
1ª edición en español – enero del 2008

Editorial Planeta, S.A.
Av. Diagonal 662-664, 7º. 08034 Barcelona (España)
Con la autorización para la edición en español de Lonely Planet Global Limited, Digital Depot,
The Digital Hub, Dublín, D08 TCV4, Irlanda

ISBN: 978-84-08-29175-6
Depósito legal: B. 9.935-2024
Impresión y encuadernación: Estella
Printed in Spain – Impreso en España